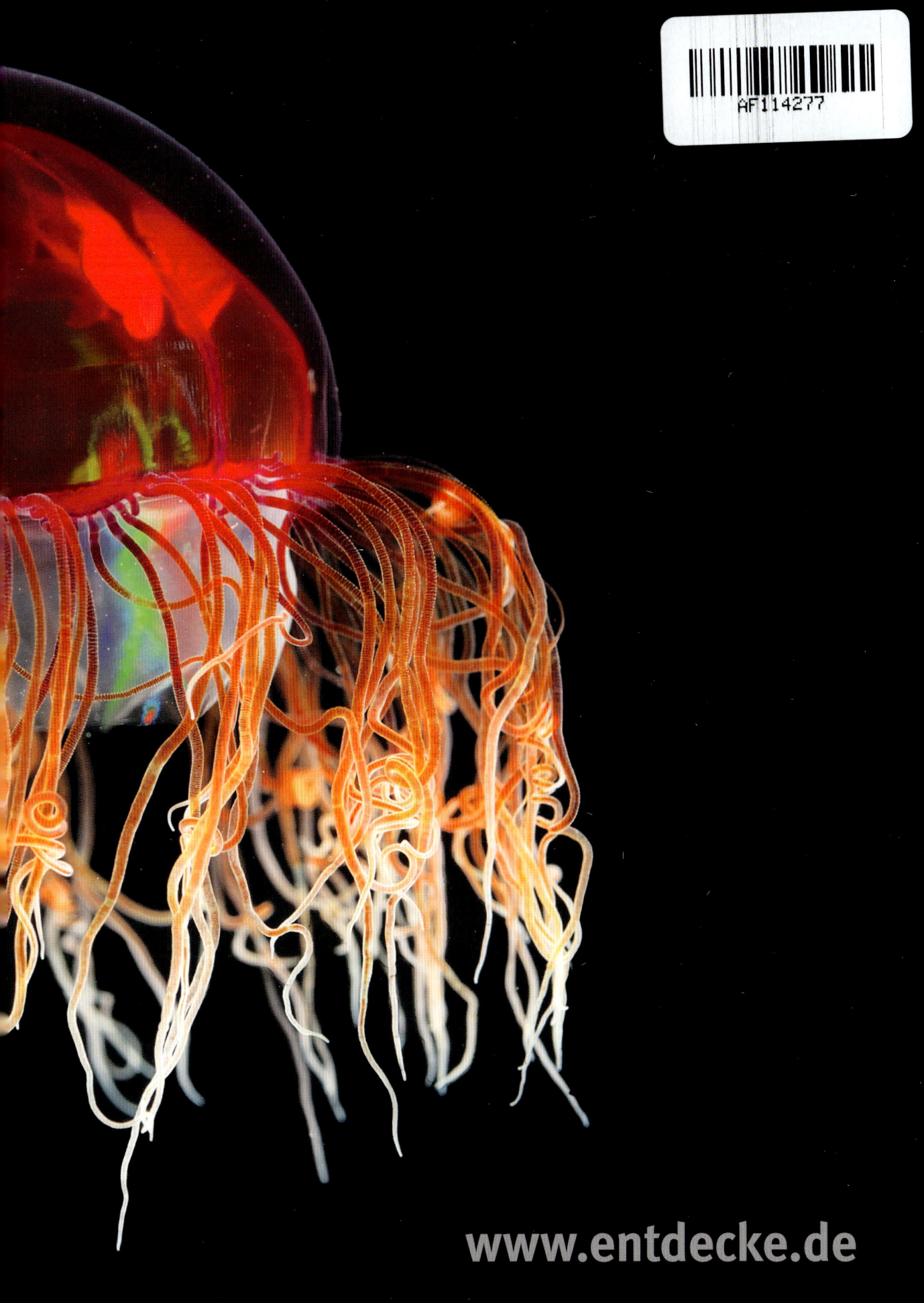

www.entdecke.de

Entdecke die Tiefsee
Leonie Proscurcin

Seite 1: GEOMAR-Forscher sammeln mithilfe eines ferngesteuerten Greifarms in 700 Metern Tiefe vor der Küste Chiles einen Seeigel ein
Seite 2/3: Ein Grenadierfisch in 4 100 Metern Tiefe im Pazifik

Die in diesem Buch enthaltenen Angaben wurden von der Autorin nach bestem Wissen erstellt und sorgfältig überprüft.
Da inhaltliche Fehler trotzdem nicht völlig auszuschließen sind, erfolgen diese Angaben ohne jegliche Verpflichtung
des Verlages oder der Autorin. Beide übernehmen keine Haftung für etwaige inhaltliche Unrichtigkeiten.
Alle Rechte, insbesondere das Recht der Vervielfältigung und Verbreitung sowie der Übersetzung sind vorbehalten.
Kein Teil des Werkes darf in irgendeiner Form (Druck, Fotokopie, Mikrofilm oder andere Verfahren) ohne schriftliche Genehmigung
des Verlages reproduziert oder unter Verwendung elektronischer Systeme verarbeitet, gespeichert oder vervielfältigt werden.

2. Auflage 2024

ISBN: 978-3-86659-366-4

© 2018 Natur und Tier - Verlag GmbH
An der Kleimannbrücke 39/41
48157 Münster
Tel.: 0251-13339-0
Fax: 0251-13339-33
E-Mail: verlag@ms-verlag.de
Home: www.ms-verlag.de
Geschäftsführung: Matthias Schmidt
Layout: Ann-Christine Ottenjann
Lektorat und Bildredaktion: Kriton Kunz
Druck: Drusala, Dobrá

Herzlicher Dank geht an Frau Dr. Inken Suck und Herrn Dr. Andreas Villwock vom GEOMAR -
Helmholtz-Zentrum für Ozeanforschung Kiel für die Beratung und die Bilder, die sie für dieses Buch zur Verfügung gestellt haben

Titelbild: NPL/David Shale/Arco Images GmbH
Rückseite: NPL/Michael Pitts/mauritius images
Vorsatz: Bluegreen/David Shale/mauritius images

Shutterstock:
Seite 9: unten: Intrepix
Seite 20: oben: Africa Studio
Seite 48+49: Esteban De Armas
Seite 56+57: Richard Whitcombe
eite 58+59: PETRUK VIKTOR
Seite 64: Triff

Thinkstock Images International:
Seite 20+21: Yury Gubin/wastesoul
Seite 22+23, 24+25: oben: reporter
Seite 50+51: Scovad
Seite 51: goldene Rahmen: numismarty

Arco Images GmbH:
Seite 6: NPL/David Shale
Seite 7: NPL/David Shale
 eite 8: oben: NPL/David Shale
Seite 13: NPL/David Shale
Seite 14+15: NPL/David Shale
Seite 16: NPL/David Shale
Seite 17: oben: NPL/David Shale
 eite 18: imageBROKER/ Andrey Nekrasov
Seite 19: Minden Pictures/ Flip Nicklin
Seite 21: oben: NPL/David Shale
Seite 22: unten: NPL/David Shale
Seite 23: NPL/David Shale
Seite 24+25: NPL/David Shale
Seite 26: NPL/David Shale
Seite 27: unten links: NPL/Doc White
Seite 27: rechts: NPL/David Shale
Seite 31: NPL/Jurgen Freund
Seite 32+33: NPL/David Shale
Seite 34: NPL/David Shale
Seite 35: oben: NPL/David Shale
Seite 42+43: Minden Pictures/Pete Oxford
Seite 47: oben: NPL/David Shale
Seite 47: Mitte rechts: NPL/David Shale
Selte 50: Mitte unten: NPL/David Shale
Seite 51: Tiere: NPL/David Shale
Seite 54: oben links: NPL/David Shale
Seite 58: oben: NPL/Philip Stephen
Seite 60+61: imageBROKER/J.W.Alker

juniors@wildlife:
Seite 35: unten: Avalon

Okapia KG:
Seite 17: unten: NAS/Dante Fenolio/Science Source
Seite 38: unten: Juan Carlos Munoz
Seite 50: Mitte oben: NAS/Dante Fenolio/Science Source

mauritius images GmbH:
Seite 4+5: Mark Conlin/Alamy
Seite 9: oben: nature picture library/Michael Pitts
Seite 12: oben: Science Faction/Stuart Westmorland
Seite 22: Mitte: Science Source/Dantè Fenolio
Seite 29: unten: Carlos Villoch - MagicSea.com/Alamy
Seite 49: oben: The Natural History Museum/Alamy
Seite 55: oben: United Archives

GEOMAR Helmholtz-Zentrum für Ozeanforschung Kiel:
ROV Team: Seite 1, 2+3, 28, 29 (oben), 30+31, 36+37, 38 (oben), 39, 41
JAGO-Team: Seite 44+45, 47 (unten), 55
Jan Steffen: Seite 47 (Mitte links)
Karen Hissmann: Seite 52+53
Juergen Schauer: Seite 54 (oben rechts)
Wolf-Christian Dullo: Seite 62+63

Sonstige:
Seite 46: oben: D. Knop, nach A. Freiwald und anderen Quellen

Inhaltsverzeichnis

Reise in eine fremde Welt 4

Was ist die Tiefsee? 8

Licht ins Dunkel 12

Unter Druck 18

Sich ja nicht fressen lassen! 22

Hochleistungs-Jäger 26

Auf dem Boden 28

Von Eiern und Jungen 32

Im Reich der Schwarzen Raucher 36

Korallenriffe mal ganz anders 42

Im Kuriositätenkabinett der Tiefsee 48

Neugier auf die Tiefe 52

Bedrohte Welt 56

Extra: Großes Tiefsee-Quiz 62

Reise in eine fremde Welt

Eine Reise in die Tiefsee ist fast wie ein Flug durchs All, mit der Landung auf einem völlig fremden Planeten. Wer in die Tiefe hinabsteigt, schwebt durch mehrere tausend Meter Dunkelheit. Schaltet man einen Scheinwerfer an, begegnen einem unbekannte Wesen, die wie Außerirdische aussehen: Anglerfische mit leuchtenden Ködern, Riesenkraken, gigantische Asseln und funkelnde Quallen. Von zerbrechlichen Schönheiten bis hin zu monsterhaften Räubern ist in der Tiefsee alles zu entdecken, was Du Dir vorstellen kannst – und noch viel mehr! Denn hättest Du Dir etwa träumen lassen, dass es gläsern-durchsichtige Kraken gibt, knochenfressende Würmer und Jäger, die Beute verschlingen, die größer ist als sie selbst?

Mit solchen Forschungs-Tauchbooten können Wissenschaftler selbst in extreme Meerestiefen vordringen

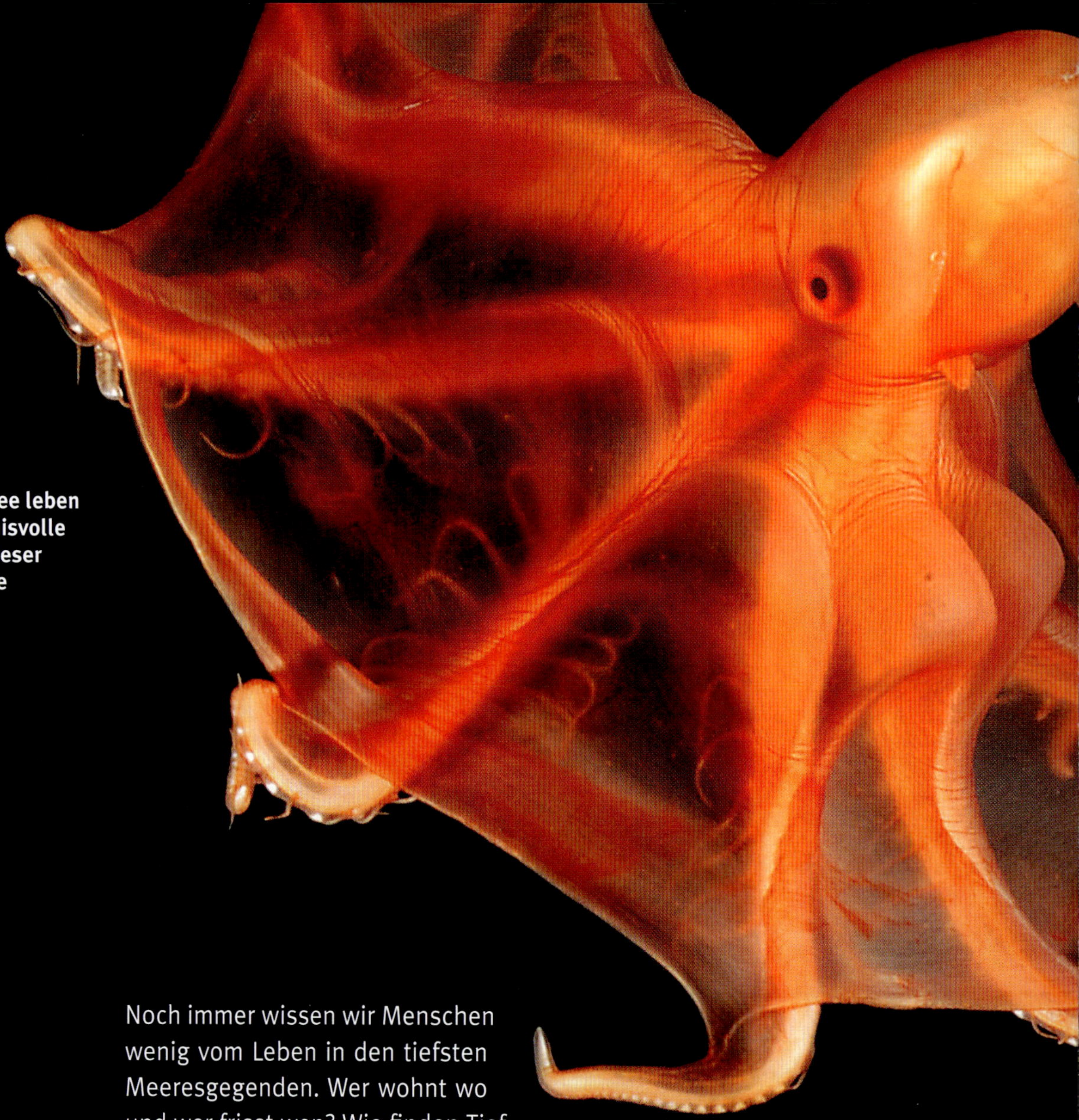

In der Tiefsee leben so geheimnisvolle Tiere wie dieser Leuchtkrake

Noch immer wissen wir Menschen wenig vom Leben in den tiefsten Meeresgegenden. Wer wohnt wo und wer frisst wen? Wie finden Tiefseebewohner Partner, wie vermehren sie sich und wie funktioniert ihre Tarnung? Warum leuchten so viele Tiere der Tiefsee? Und was hat es mit den Schwarzen Rauchern auf sich?

Ist diese filigrane Tiefsee-Qualle nicht wunderschön?

In diesem Buch gehen wir zusammen mit der cleveren Eule Xabi auf eine Reise in eine fantastische Welt, die groß, weit und noch weitgehend unerforscht ist. Vielleicht werden wir eines Tages mehr darüber wissen. Aber dazu muss dieser einzigartige Lebensraum erhalten bleiben und vor Zerstörung geschützt werden. Nur dann können wir weiter forschen und irgendwann die Geheimnisse der Tiefsee ergründen.

Für seine Beutetiere, die er mit Licht anlockt, muss dieser Tiefsee-Anglerfisch schreckenerregend aussehen

Die Tiefsee ist ein völlig dunkler Lebensraum mit oft skurrilen Bewohnern wie dieser Krabbe

Was ist die Tiefsee?

Meere bedecken mehr als zwei Drittel unseres Planeten. Sie bieten viele verschiedene Lebensräume, in denen ganz unterschiedliche Bedingungen herrschen, etwa Korallenriffe mit bunten Anemonenfischen, Seegraswiesen oder das Wattenmeer. Alle beherbergen höchst verschiedene Lebewesen, die sich an ihre jeweilige Umgebung ganz speziell angepasst haben.

Die Tiefsee umfasst die größten Bereiche der Meere, nämlich wiederum über zwei Drittel. Gleichzeitig ist sie am schwierigsten zu erforschen. Warum das so ist, wirst Du in diesem Buch erfahren. Bis in eine Tiefe von etwa 200 Metern dringt noch Licht durch das Meerwasser. Hier können daher noch Pflanzen leben und ebenso wie manche Kleinstlebewesen Fotosynthese betreiben. Was das ist, erklärt Dir Eule Xabi links. Man nennt diese Zone Lichtzone oder „euphotische Zone", denn im Altgriechischen heißt „eu" gut und „photo" kommt vom Wort „phos" für Licht.

Je weiter man in die Tiefe vordringt, umso dunkler wird es. Zwischen 200 und 1 000 Metern Tiefe können Tiere zwar noch mit Mühe sehen, weil etwas blaues Licht herabscheint, aber für Pflanzen ist es bereits zu düster. Diese Zone nennt man Dämmerlichtzone oder aphotische Zone. Unter 1 000 Metern ist dann endgültig nichts mehr vom Sonnenlicht übrig. Hier, in der Dunkelzone, beginnt die eigentliche Tiefsee.

Energie aus Licht

Hast Du Dich schon mal gefragt, warum Pflanzen immer weiterwachsen können, obwohl sie keine Nahrung aufnehmen? Pflanzen können mithilfe von Licht aus dem Gas Kohlendioxid Energie herstellen, die sie dazu nutzen, zu wachsen und sich zu vermehren. Den Vorgang, bei dem sie mithilfe von Licht energiereiche Stoffe aufbauen, nennen wir Fotosynthese. Damit stehen die Pflanzen am Anfang des Nahrungsnetzes der Natur, denn sie dienen Pflanzenfressern als Nahrung. Diese wiederum werden von räuberisch lebenden Tieren gefressen.

Nur mit solchen speziellen Tauchanzügen vermögen Menschen auch ohne Tauchboot bestimmte Bereiche der Tiefsee zu erkunden

Eine wichtige Einteilung für Meeresforscher ist diejenige in Freiwasser und Meeresboden. Hier fühlen sich ganz unterschiedliche Tiere wohl. Im freien Wasser lässt es sich schwimmen und schweben, im Bodenschlick kann man sich vergraben oder festklammern. An Land gibt es Hügel und Berge, Täler und flache Ebenen. Das ist im Meer nicht anders. Auch unter Wasser existieren Berge, sogenannte Seeberge, und Ebenen, die Tiefseebecken. Die allertiefsten Stellen heißen Tiefseerinnen oder Gräben. Die tiefste Stelle des Meeres liegt im Pazifik bei etwa 11 034 Metern im sogenannten Marianengraben.

In dieser Karte sind die tiefsten Stellen der Ozeane weltweit eingetragen

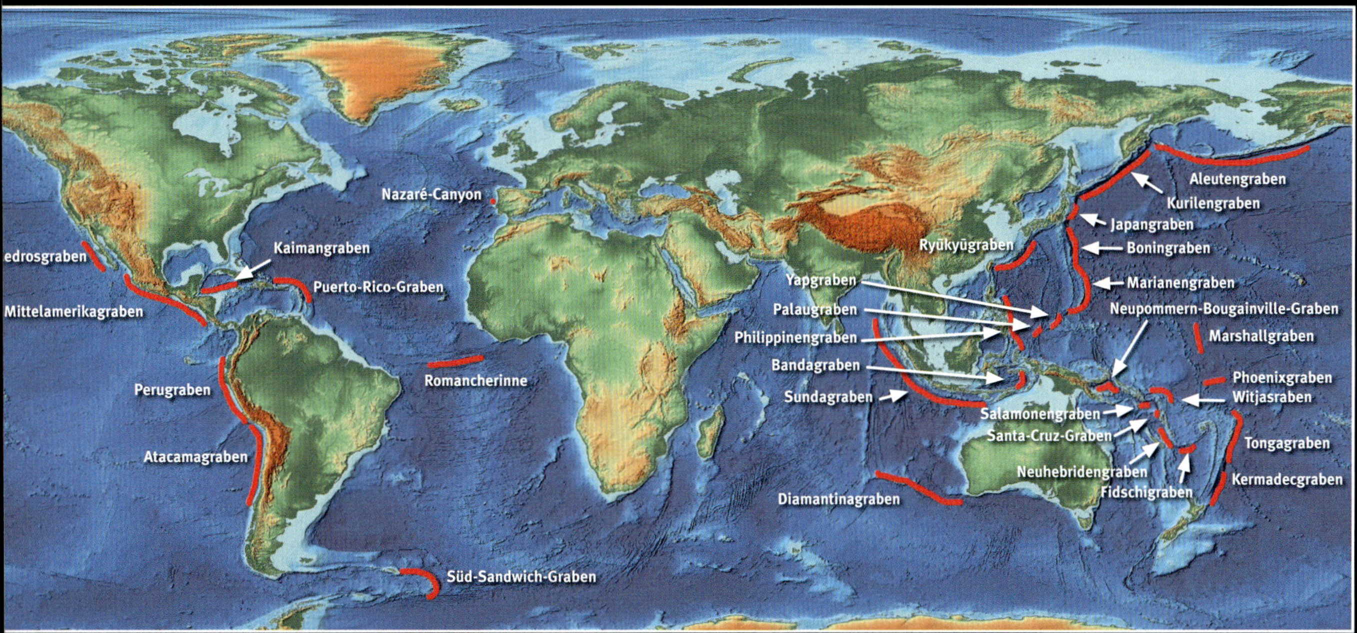

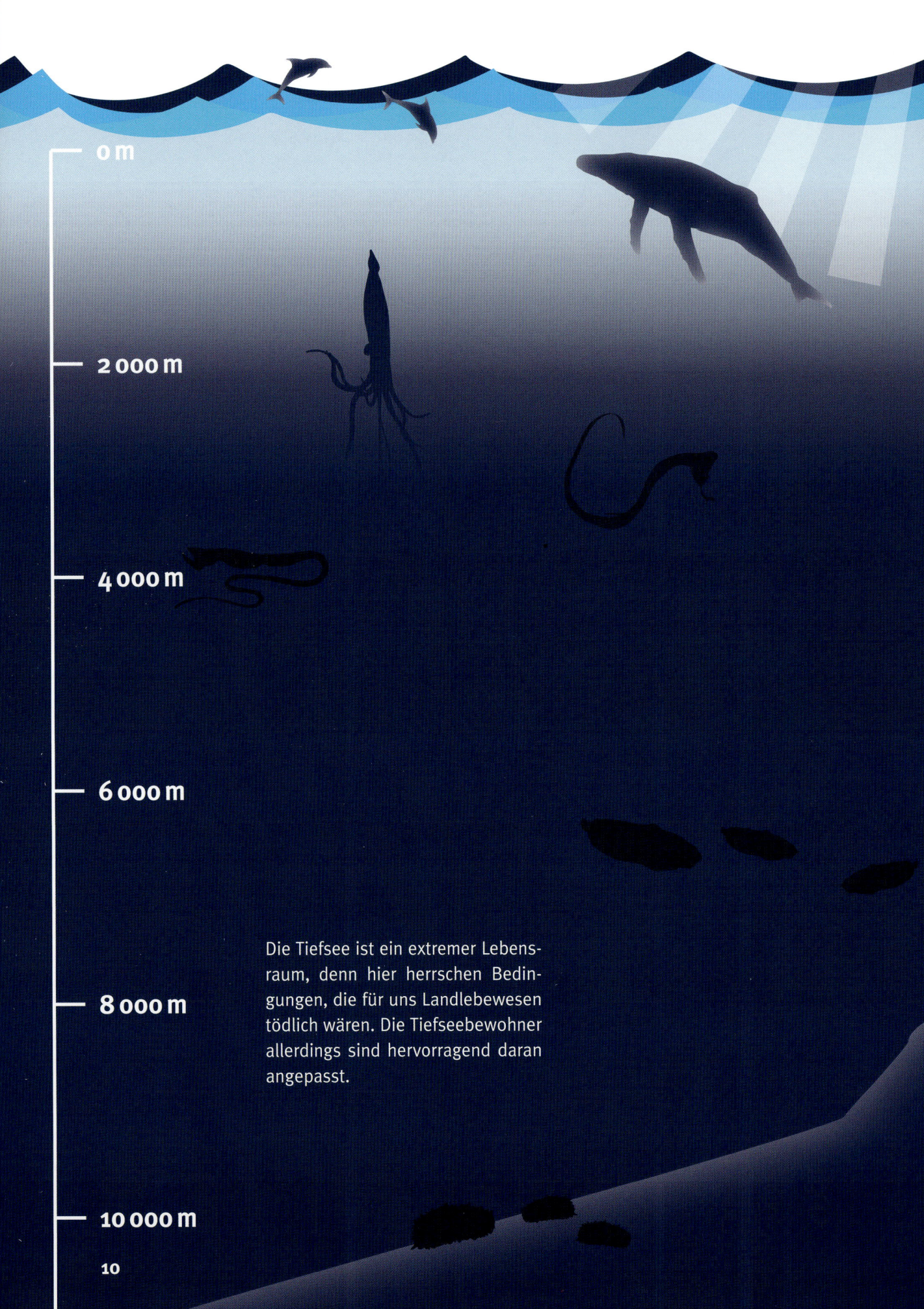

Die Tiefsee ist ein extremer Lebensraum, denn hier herrschen Bedingungen, die für uns Landlebewesen tödlich wären. Die Tiefseebewohner allerdings sind hervorragend daran angepasst.

- Druck: In den Tiefen herrscht ein extrem hoher Druck, denn Wasser ist viel schwerer als Luft. Je tiefer man ins Meer vordringt, desto größer ist das Gewicht des Wassers, das auf dem Körper lastet.
- Dunkelheit: Wie Du schon gelesen hast, dringt ab 1 000 Metern Tiefe kein Licht mehr durch das Wasser. Die Tiefseebewohner müssen also mit der ewigen Dunkelheit zurechtkommen.
- Kälte: In den Tiefen herrschen Temperaturen um ein Grad Celsius, sie erreichen also fast den Gefrierpunkt. Nur wenige Bereiche sind wärmer.
- Nahrungsmangel: Wo es keine Pflanzen gibt, herrscht Nahrungsmangel. Die Tiefseelebewesen müssen oft viele Wochen ohne Nahrung auskommen.

Wie die Tiefseebewohner es schaffen, mit diesen Bedingungen umzugehen, erfährst Du in den nächsten Kapiteln.

Warum eigentlich See?

Warum heißt es eigentlich Tiefsee und nicht Tiefmeer? Die Begriffe See und Meer sind im Niederdeutschen vertauscht: Dort ist ein See ein Meer und ein Meer ein See. Wir stoßen häufig auf diesen Wörtertausch in unserer Sprache. Denk mal an die Ost- und Nordsee, die ja auch Meere sind, oder an Wörter wie „Seemann", „Seefahrt" und „Hochsee". Auch das englische Wort „sea" bedeutet Meer!

An der Oberfläche ist das Wasser noch lichtdurchflutet und voll von pflanzlichem und tierischem Plankton. Je tiefer das Tauchboot hinabfährt, umso dunkler wird es und umso weniger pflanzliches Plankton kann dort leben.

Licht ins Dunkel

Das Meerwasser ist bis zu einer Tiefe von etwa 200 Metern voll von pflanzlichem Leben. In Küstennähe wachsen Algen und Seegräser auf dem Boden oder an Felsen. Im Gewebe vieler Korallenarten leben winzige Algen. Sie versorgen die Koralle mit Zucker, Stärke und anderen Produkten, die sie durch Fotosynthese erzeugen. Dafür bekommen sie von der Koralle wichtige Nährstoffe. Aber auch mitten im Meer gibt es zahlreiche Minipflanzen, das Plankton. Mit Plankton bezeichnet man winzig kleine Pflanzen und Tiere, die frei im Wasser schweben. Pflanzliches Plankton braucht Licht, um Fotosynthese betreiben zu können, und findet sich deshalb nur in den oberen Wasserschichten.

In mehreren hundert Metern Tiefe stoßen Forscher dann auf Kreaturen wie diesen Drachenfisch

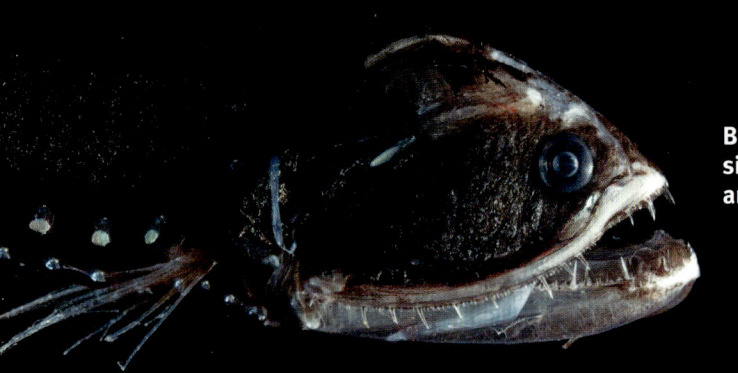

Beim Borstenmaul sind Leuchtorgane am Bauch vorhanden

Schuppendrachenfischen besitzen Leuchtorgane entlang des gesamten Körpers. Ihre lange Kinnbartel dient als Angel.

Dieser Verwandte der Petersfische besitzt zwar keine Leuchtorgane, aber stark vergrößerte Augen

Weiter unten, in der Dämmerlichtzone und schließlich der Tiefsee, haben die Tiere besondere Anpassungen, um in der Dunkelheit zu überleben. So sind ihre Augen besonders groß und empfindlich, wie Du es auch von nachtaktiven Landtieren kennst. Kleinste Lichtschimmer können sie so wahrnehmen.

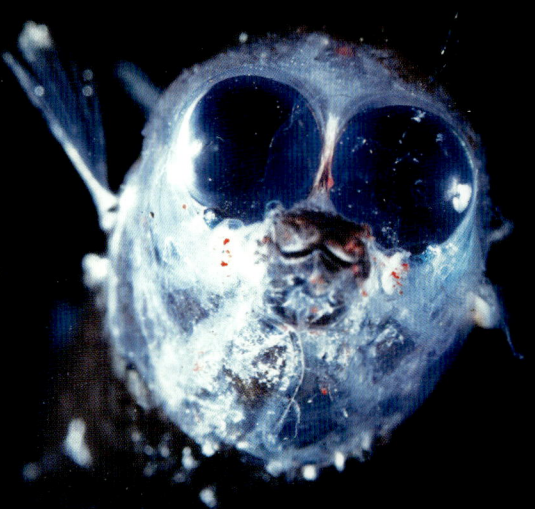

Gespensterfische verfügen über Leuchtorgane, fallen aber vor allem durch ihre röhrenförmigen, riesigen Augen auf

Die wohl schönste Anpassung an die Dunkelheit ist aber die sogenannte „Biolumineszenz". Das bedeutet „Leuchten von Lebewesen". Vielleicht hast Du bei einem nächtlichen Spaziergang schon einmal Glühwürmchen gefunden. Diese Insekten aus der Familie der Leuchtkäfer haben am Hinterende Leuchtfelder, mit denen sie Partner anlocken. Echte Experten in Sachen Biolumineszenz sind aber auch die Tiefseebewohner. Sie leuchten in den unterschiedlichsten Farben und erfüllen damit verschiedene Zwecke.

Geborgtes Licht
Manche Tiefseebewohner leuchten gar nicht selbst, sondern schmücken sich mit fremdem Licht. Der Tiefseedorsch zum Beispiel besitzt Taschen, die mit Leuchtbakterien gefüllt sind, die für den Fisch die Arbeit übernehmen.

Der Laternenfisch trägt seine Fähigkeit, zu leuchten, bereits im Namen

Auch der Silber-Beilfisch verfügt über eine ganze Menge Leuchtorgane

Von unten betrachtet sind die Leuchtorgane dieses Tiefsee-Beilfischs besonders gut zu erkennen

Der Tiefseetintenfisch *Heterotheutis* beispielsweise hüllt sich bei Gefahr in eine leuchtende Wolke. Damit verwirrt er seine Angreifer und kann ihnen mit etwas Geschick entkommen.

Ganz anders benutzen Tiefseeanglerfische ihr Licht. An einem Fortsatz auf ihrer Stirn oder an einer Kinnbartel sitzt eine „Lampe". Damit locken sie andere Tiere an, die den leuchtenden Fleck für leckere Beute halten. Sind sie nahe genug am Maul des Anglerfisches angekommen, schnappt dieser zu.

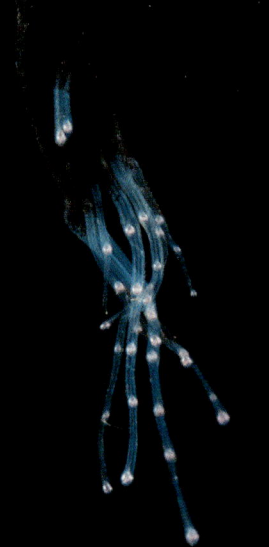

Lichtpunkte in der Finsternis locken Beute an - dabei sind es nur Leuchtorgane an der Kinnbartel eines Anglerfischs

Eine besonders lange Angel mit Leuchtorgan wirft der Schuppen-Drachenfisch aus

Schau mir in die Augen!

Ganz spezielle Sehorgane haben Arten der Gespensterfische. Ihre Röhrenaugen sind nach oben gerichtet. So können sie Tiere, die über ihnen schwimmen, gut gegen das von oben einfallende Licht erkennen. Damit sie aber auch zur Seite schauen können, befindet sich seitlich eine Art Spiegel. Mit diesen Spiegelaugen können die Fische sogar nach unten sehen.

Andere Tiere nutzen ihre Leuchtorgane, um damit Partner anzulocken. In der Dunkelheit und Weite der Tiefsee wäre es sonst sehr schwierig, sich zu finden.

Doch Leuchten kann unter Umständen gefährlich sein. Denn wer etwa bei der Partnersuche leuchtet, wird auch von Fressfeinden gesehen und kann diesen leichter zum Opfer fallen.

 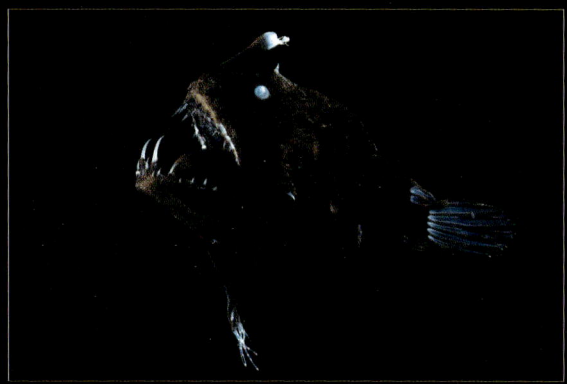

Leuchtorgane eines Silber-Beilfischs in Großaufnahme **So sieht der Tiefsee-Anglerfisch aus, dem die Angel auf Seite 16 oben gehört**

Die beiden Stoffe, die für das Leuchten notwendig sind, heißen Luziferin und Luziferase. Sie können bei den unterschiedlichen Tieren ganz verschieden aufgebaut sein, funktionieren aber immer auf dieselbe Weise. Wenn genug Sauerstoff vorhanden ist, kann die Luziferase das Luziferin in einer sogenannten Reaktion so verändern, dass Energie in Form von Licht abgegeben wird. Das Leuchten hält nur kurze Zeit an, und die Reaktion muss deshalb immer wieder neu stattfinden. Die Erzeugung von Licht kostet das Tier also viel Energie. Die meisten Meeresorganismen leuchten blau, denn diese Farbe ist im tiefen Meerwasser am besten sichtbar.

Auch wirbellose Tiere der Tiefsee besitzen oft Leuchtorgane, so wie diese Leuchtkalmare, die zu den Tintenfischen zählen

Alle zehn Meter Tiefe steigt der Druck um 1 bar. Zum Vergleich: Ein Fahrradreifen ist meist mit etwa 2 bis 4 bar aufgepumpt.

Unter Druck

Auf jedes Lebewesen, ob an Land oder im Wasser, wirkt Druck. An Land heißt dieser Druck Luftdruck, denn es ist die Luft, deren Gewicht auf den Tieren und Pflanzen lastet. Das mag sich seltsam anhören, denn von diesem Druck spüren wir im alltäglichen Leben gar nichts. Das liegt daran, dass alle Lebewesen an den in ihrer Umgebung herrschenden Druck optimal angepasst sind. Begeben wir uns allerdings in Gebiete, wo ein geringerer oder höherer Druck herrscht, als wir ihn gewöhnt sind, dann bekommen wir das unangenehm zu spüren.

Wabbelfische

Der Blobfisch hat einen puddingartigen Körper fast ohne Muskeln. Er ist so leicht gebaut, dass er gemütlich im Wasser schweben kann. In seinem Lebensraum sieht er ganz normal aus. Aus dem Meer gefischten Blobfischen fehlt an Land allerdings ihr gewohnter Druck, und ihr Körper wird unförmig und wabbelig. Ohne ihren gewohnten Druck können sie nicht überleben.

Pottwale tauchen auf der Suche nach ihrer Beute, großen Tintenfischen, regelmäßig 300 bis 800 Meter tief. Manchmal stoßen sie sogar bis in 1 000, 2 000 oder sogar unglaubliche 3 000 Meter Tiefe vor. Dort herrscht ein gewaltiger Druck!

Wer sich steigendem Druck nicht anpassen kann, wird zerquetscht wie diese Zitrone!

Es gibt verschiedene Einheiten, in denen man Druck misst. Eine Atmosphäre (1 atm) ist genau der Druck, der an Land auf Höhe des Meeresspiegels herrscht. Der Name kommt daher, dass der Druck von der Erdatmosphäre ausgeübt wird, also sozusagen von der gesamten Luft um uns herum. Heute benutzt man aber meistens die Einheit Pascal. Eine Atmosphäre entspricht 101 325 Pascal oder knapp 1 bar.

Wasser ist bedeutend schwerer als Luft. Deshalb herrscht im Meer viel höherer Druck als an Land. Der Druck steigt mit zunehmender Tiefe, denn je tiefer man kommt, desto größere Wassermassen lasten auf dem Körper. Beim Tauchen bemerkst Du diesen erhöhten Druck schon nach wenigen Metern Wassertiefe. Die Lunge wird zusammengepresst, und besonders die Ohren sind empfindlich. Wer ohne Geräte weiter nach unten will, muss bestimmte Techniken erlernen und viel trainieren. Extremsportler erreichen Tiefen von über 100 Metern, aber es wird auch immer wieder von tödlichen Unfällen berichtet.

Kalt und ganz langsam

Kaltes Meerwasser ist schwerer als warmes und sinkt deshalb nach unten. Am Meeresgrund befindet sich also sehr kaltes Wasser. Die Temperatur dort kann sogar unter den Gefrierpunkt sinken. Das Salz und der hohe Druck verhindert jedoch, dass das Wasser zu Eis wird. Leben und Bewegung laufen in der Tiefsee wegen der Kälte ganz langsam ab. Niemand kann es sich leisten, mit schnellem Tempo wertvolle Energie zu verschwenden.

Die meisten Fische besitzen eine luftgefüllte Schwimmblase. Tiefseefischen dagegen fehlt sie, denn nur so können sie dem Druck standhalten.

Da ihr Körper fast nur aus Wasser besteht, hat diese Qualle auch in 2 700 Metern Tiefe keine Probleme mit dem Druck

Tiefseebewohner haben mit dem enormen Druck ihrer natürlichen Umgebung kein Problem, denn sie besitzen spezielle Anpassungen. Gefährlich sind besonders luftgefüllte Hohlräume im Körper, denn die Luft wird unter Wasser extrem zusammengedrückt. Tiere ohne solche Hohlräume können problemlos abtauchen. Tiefseefische besitzen deshalb keine mit Luft gefüllte Schwimmblase wie ihre höher wohnenden Verwandten. Auch zarte Quallen haben keine Schwierigkeiten mit dem hohen Druck: Ihr Körper besteht zu fast 100 Prozent aus Wasser. Was aber machen Wale oder Walrosse, die als Säugetiere doch eine Lunge besitzen? Sie atmen vor dem Tauchen aus und nicht ein. Den notwendigen Sauerstoff speichern sie in Blut und Muskeln. Pottwale füllen ihre Nase vor dem Tauchen mit Wasser, sodass auch darin keine Luft mehr zu finden ist.

Sich ja nicht fressen lassen!

Wie Du schon weißt, wachsen in der ewigen Dunkelheit der Tiefsee keine Algen oder Pflanzen. Was also dient ihren Bewohnern als Nahrungsgrundlage? Viele Tiere der Dämmerlichtzone sind Wanderer, die jede Nacht in obere Schichten schwimmen und morgens in die Tiefe zurückkehren. Oben finden sie Plankton und andere Nahrung, unten sind sie vor Feinden besser geschützt. Diese Wanderung nennt man vertikale Wanderung, also von oben nach unten und umgekehrt. Nicht nur von Fischen wie zum Beispiel den Laternenfischen kennen wir dieses Wanderverhalten. Auch viele Arten von Quallen, Kalmaren und Minikrebsen nehmen die Reise täglich auf sich.

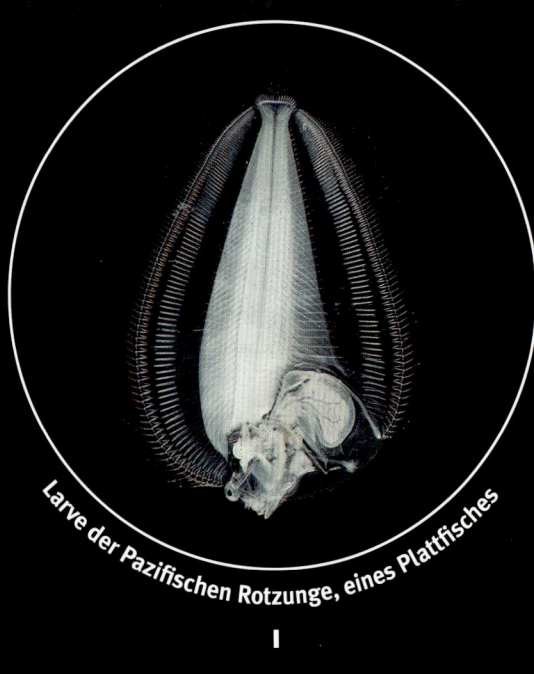

Larve der Pazifischen Rotzunge, eines Plattfisches

Flohkrebs aus rund 600 Metern Tiefe

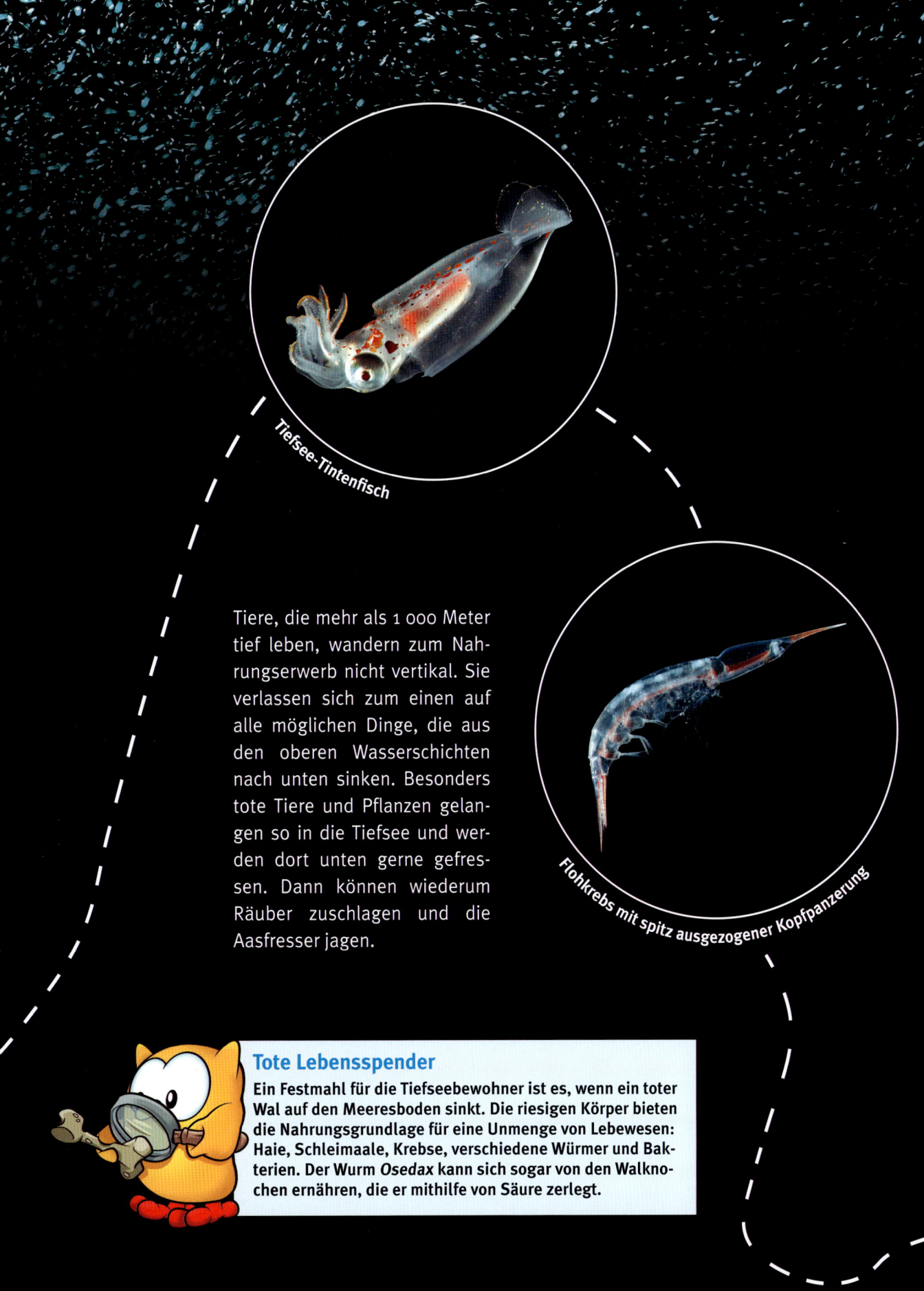

Tiefsee-Tintenfisch

Flohkrebs mit spitz ausgezogener Kopfpanzerung

Tiere, die mehr als 1 000 Meter tief leben, wandern zum Nahrungserwerb nicht vertikal. Sie verlassen sich zum einen auf alle möglichen Dinge, die aus den oberen Wasserschichten nach unten sinken. Besonders tote Tiere und Pflanzen gelangen so in die Tiefsee und werden dort unten gerne gefressen. Dann können wiederum Räuber zuschlagen und die Aasfresser jagen.

Tote Lebensspender

Ein Festmahl für die Tiefseebewohner ist es, wenn ein toter Wal auf den Meeresboden sinkt. Die riesigen Körper bieten die Nahrungsgrundlage für eine Unmenge von Lebewesen: Haie, Schleimaale, Krebse, verschiedene Würmer und Bakterien. Der Wurm *Osedax* kann sich sogar von den Walknochen ernähren, die er mithilfe von Säure zerlegt.

Schwebegarnele aus 2 600 Metern Tiefe

Es gibt aber auch Orte in der Tiefsee, an denen Bakterien die Rolle von Pflanzen übernehmen können. Sie betreiben zwar keine Fotosynthese, sind aber fähig, aus bestimmten chemischen Stoffen Energie herzustellen. Diese Bakterien werden dann von kleinen Tieren gefressen, die ihrerseits von größeren gejagt werden und so weiter. So existieren in der Tiefsee Nahrungsketten, die ganz ohne Pflanzen auskommen. Ein Beispiel sind die Lebensgemeinschaften an den berühmten schwarzen Rauchern, über die Du später noch mehr erfahren wirst.

Durchsichtig ...

Einfach riesig!

Auch Größe kann vor Jägern schützen. Wer groß ist, kann sich besser wehren und passt mit etwas Glück einfach nicht ins Maul des Räubers! Ein wahres „Riesenvieh" ist die Riesenassel, eine fast zwei Kilogramm schwere Verwandte unserer Kellerassel. Dieser sogenannte Gigantismus, also das Riesenwachstum, hat aber wahrscheinlich auch noch einen anderen Grund: Er ist eine Anpassung an extreme Kälte.

Niemand möchte gerne gefressen werden – deshalb gibt es auch unter den Tiefseebewohnern verschiedene Tricks, mit denen sie Räubern entgehen. Im Dämmerlicht, wo noch etwas zu sehen ist, ist die beste Tarnfarbe Rot. Das klingt erst einmal seltsam, denn Rot ist doch nun wirklich auffällig und an Land alles andere als eine gute Tarnung. Des Rätsels Lösung: Sonnenlicht enthält zwar viele verschiedene Farben, doch durch das Wasser dringen nicht alle Lichtstrahlen gleich gut hindurch. Während Blau noch in großen Tiefen zu erkennen ist, gelangen rote Lichtstrahlen nur wenige Meter tief. Rote Lebewesen sehen weiter unten im Meer also gar nicht mehr rot aus, eben weil sie kein rotes Licht anstrahlen kann. Dadurch sind sie prima getarnt.

Warum sich aber nicht gleich durchsichtig machen? Viele Fischlarven, Tintenfische, Krebstiere und weitere Lebewesen wirken fast gläsern. Teils wollen sie sich damit vor Fressfeinden schützen, teils von Beute unentdeckt bleiben.

Von einer anderen Möglichkeit, Angreifer abzuwehren, hast Du schon weiter oben gelesen. Viele Tiefseelebewesen benutzen Licht, um Gegner zu verschrecken oder schnell in einer leuchtenden Wolke zu verschwinden.

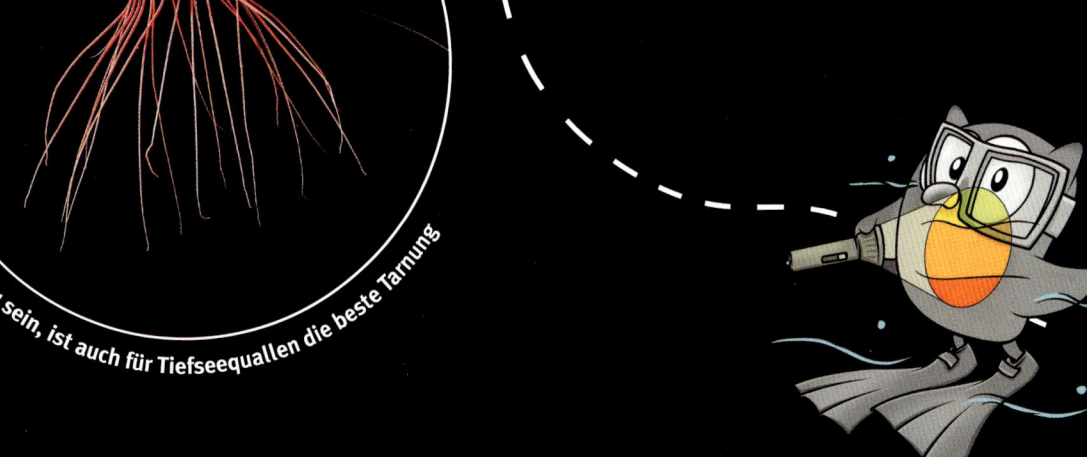

oder rot zu sein, ist auch für Tiefseequallen die beste Tarnung

Der Tiefsee-Eidechsenfisch hält seine Beute mit großen, nadelspitzen Zähnen fest

Hochleistungs-Jäger

Die Freiwasserzone, also alles, was nicht Küste oder Meeresboden ist, nennt man Pelagial. In der Tiefsee leben hier beispielsweise Fische, Garnelen, Tintenfische und Quallen. Alle haben mit denselben Problemen zu kämpfen: Die Tiefsee ist sehr dünn besiedelt – darum ist es nicht einfach, Nahrung zu finden. Aus diesem Grund siehst Du bei vielen Tiefseefischen riesige Mäuler, die sie wie Ungeheuer aussehen lassen. Denn wenn ein Mal in sehr langer Zeit eine ersehnte Beute vorbeikommt, wäre es doch zu ärgerlich, wenn man sie nicht fressen kann, weil das Maul zu klein ist! Die Kiefer sind darauf spezialisiert, sich blitzschnell zu schließen. Lange, dünne Zähne verhindern zusätzlich, dass die Beute im letzten Moment noch entfliehen kann. Einige Tiefseefische haben außerdem einen extrem dehnbaren Magen, sodass besonders viel Beute hineinpasst!

Wenn man in der Tiefe zufällig einmal auf Beute stößt, muss man sie sicher festhalten. Dazu dienen die riesigen Zähne des Viperfischs, der sein Maul enorm aufreißen kann.

Schuppendrachenfische können Beute wie hier einen Laternenfisch verschlingen, die im Verhältnis zum eigenen Körper riesig ist

Schnelles Schwimmen ist nicht unbedingt die Stärke der Tiefseebewohner, deren Knochen und Muskeln oft wenig entwickelt sind. Wohin sollten sie auch schwimmen? Alles sieht gleich aus, und aktiv zu jagen lohnt sich kaum. Da wartet man doch lieber, bis einem die Leckerbissen zufällig vors Maul geraten! Um die Beute in der Dunkelheit dann zuverlässig zu erkennen, haben Tiefseefische sehr empfindliche Seitenlinienorgane, mit denen sie Beutetiere erspüren können. Mit diesen Organen fühlen sie nämlich die Wasserbewegungen, die andere Tiere verursachen, und wissen dann, dass sie zuschnappen müssen.

Winter oder Sommer?
Unterschiede zwischen den Jahreszeiten gibt es in der Tiefsee praktisch nicht. Es ist immer gleich warm – oder besser: gleich kalt, denn die Temperaturen liegen an den meisten Stellen bei 1 bis 2 Grad Celsius.

Ein Segel-Kalmar, also ein Tintenfisch, lauert auf Beute

Das gewaltige Maul des Pelikan-Aals (hier ein totes Exemplar) ermöglicht es, extrem große Beute zu verschlingen

Ein Eselsohrschwamm, der zu den Glasschwämmen gehört. Er wächst hier in 3 400 Metern Tiefe.

Auf dem Boden

Schlangensterne, Seegurken, Manteltiere – der Tiefseeboden hält viele Überraschungen bereit. Die Tiere, die Dir hier begegnen, sehen genauso fremd aus, wie ihre Namen klingen.

Der Boden der Tiefsee ist an den meisten Stellen von einer dicken Schlammschicht bedeckt. Einige Tiere wie die Seefedern oder Manteltiere sitzen dort fest verankert und warten darauf, dass die Strömung Nahrung zu ihnen trägt. Solche Tiere, die sich nicht von einem Ort zum anderen bewegen können, nennt man sessil. Sessile Tiere sind zum Beispiel auch Korallen oder Schwämme. Andere sind beweglich und machen sich selbst auf die Suche: Schlangensterne laufen recht flink mit ihren fünf beweglichen Armen, und auch Seegurken krabbeln über den Boden oder schwimmen durchs Wasser.

1. Wunderlich sieht diese Seegurke mit „Segel" aus. Sie kriecht in 4 400 Metern über den Boden des Pazifiks.
2. Warum dieser Eichelwurm auch Spiralwurm genannt wird, ist leicht zu erraten. Aufgenommen wurde er in 4 100 Metern Tiefe im Pazifik.
3. Ein wunderschöner Leder-Seeigel in 3 300 Metern Tiefe am Grund des Indischen Ozeans
4. Allerliebst schaut dieser Warzenkrake in die Kamera. Das Foto wurde in 1 700 Metern Tiefe aufgenommen.

Einige Tierstämme, die in der Tiefsee vorkommen, kennst Du sicher aus den Küstengebieten. Am Strand findest Du Muscheln, Seeigel und Krebse. Sie alle haben Verwandte in der Tiefsee, die ihnen ähnlich sehen, aber speziell an das Leben im tiefen Meer angepasst sind. Besonders häufig in den Tiefen zu finden sind Seegurken. In 4 000 Metern Tiefe stellen sie die Hälfte aller Lebewesen, in 8 000 Metern sogar 90 Prozent.

Der Seeteufel kann mit seinen fußähnlichen Brustflossen über den Meeresgrund laufen

In unfassbaren 4 100 Metern Tiefe im Pazifik lebt diese zarte, wunderschöne Seelilie

Lebenswichtige Strömung

Meeresströmungen transportieren Nahrungspartikel von einem Ort zum anderen. Besonders Tiere, die sich nicht oder kaum bewegen, sind auf dieses „Essensfließband" angewiesen. Seefedern oder diese Koralle etwa strecken ihre Fresspolypen, die an die Arme winziger Kraken erinnern, in die Strömung. Selbst mancher Fisch wartet lieber mit offenem Maul auf das, was da vorbeikommt, als auf die Jagd zu gehen. Tiere, die Nahrungspartikel auf diese Weise aus dem Wasser sieben, nennt man Filtrierer.

Eier des Pelikan-Aals. Ein erwachsenes Exemplar dieser Art siehst Du auf Seite 27.

Von Eiern und Jungen

Wie die meisten Dinge läuft auch die Fortpflanzung in der Tiefsee sehr langsam ab. Dabei haben die Tiere ganz unterschiedliche Methoden entwickelt, einen Partner zu finden, sich zu paaren und schließlich den Nachwuchs auf die Welt zu bringen.

Vor der Paarung müssen die Tiere zunächst einmal einen Partner finden, und das ist in der weiten, dunklen Tiefsee gar nicht so einfach. Eine Technik zur Partnersuche kennst Du schon: die Biolumineszenz. Mit Lichtsignalen machen Männchen und Weibchen auf sich aufmerksam. Oder man macht es wie die Eingeweidefische: Viele dieser schlanken und zarten Fische besitzen spezielle Muskeln, mit denen sie Rippen bewegen können, die mit der bei ihnen vorhandenen Schwimmblase verbunden sind. Auf diese Weise erzeugen sie Trommellaute, um Partner zu finden.

Die meisten Fische legen Eier, die im Wasser vom Männchen befruchtet werden. Bei einigen Arten kümmern sich die Eltern um den Nachwuchs, bauen Nester und schützen ihn, bei anderen sind Eier und Jungfische sofort auf sich allein gestellt. Viele Haie dagegen bieten ihren Jungen besonders viel Schutz. Der Krausenhai etwa, ein echter Tiefseebewohner, ist ovovivipar. Das bedeutet, dass die Weibchen zwar Eier produzieren, aber trotzdem bereits lebende Junge gebären. Wie das geht? Ganz einfach, die Eier werden im Körper der Mutter ausgebrütet! Beim zwei Meter langen und recht seltenen Krausenhai entwickeln sich die Jungen im Eileiter des Weibchens und kommen schon fertig auf die Welt. Diese Art der Fortpflanzung schützt die Kleinen vor Räubern. Seinen Namen hat dieser Hai übrigens von den Trennwänden zwischen seinen Kiemenschlitzen, die wie eine Halskrause aussehen.

Nicht allen ganz jungen Fischen sieht man sofort an, wie sie später aussehen werden. Schwarze Drachenfische kommen zum Laichen, also zum Ablegen ihrer Eier, in flacheres Wasser. Hier schlüpfen die Larven, die auch ihre erste Lebenszeit dort verbringen. Sie sind zart und durchsichtig. Ihre Augen sitzen auf Stielen und lassen sich drehen. Erst ab einer Größe von vier Zentimetern wandern sie in tiefere Gewässer, und ihr Körper entwickelt sich nun zu dem eines erwachsenen Fisches: Die Augenstiele verschwinden, und Männchen und Weibchen beginnen sich zu unterscheiden.

Immer Ärger mit dem Partner?

Warum sind eigentlich nicht alle Tiere Zwitter, also Männchen und Weibchen zugleich? Wäre es nicht viel einfacher, wenn man sich die Partnersuche sparen könnte und jedes Tier Männchen und Weibchen gleichzeitig wäre, wie es beim Stelzenfisch der Fall ist (siehe Seite 35)? Einen Nachteil hat die sogenannte Selbstbefruchtung: Befruchtet ein Tier seine Eier selbst, dann wird das Erbgut, das genetische Material, nicht neu kombiniert und vermischt. Nur aus den neuen Kombinationen entstehen aber immer wieder neue Anpassungen und Exemplare, die auch unter veränderten Bedingungen erfolgreich überleben können. Deshalb ist die Selbstbefruchtung zwar eine gute Anpassung an die einsame Tiefsee, aber keine Lösung für den Rest der Welt.

Bei der Großen Schlangennadel übernimmt das Männchen die Eier vom Weibchen und trägt sie am Bauch

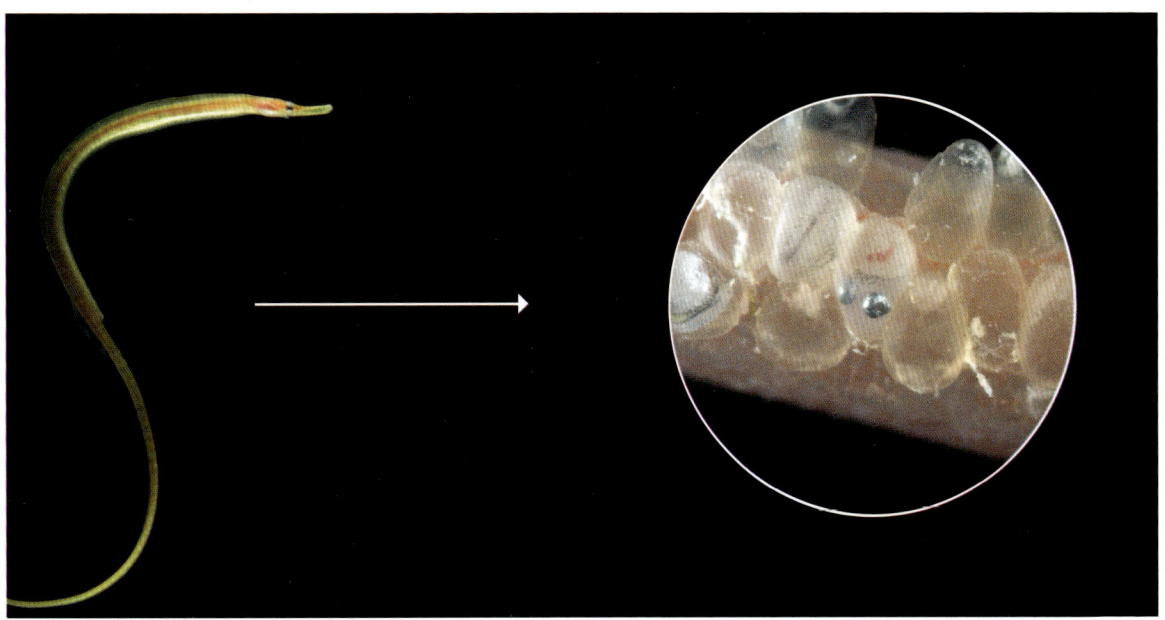

Der filigrane See-Schmetterling, in Wirklichkeit eine Schnecke, trägt eine Ei-Schnur mit sich

Tiefsee-Anglerfische haben eine ganz besondere Paarungsstrategie entwickelt. Die Weibchen sind relativ groß. Sie besitzen ein weites Maul mit spitzen Zähnen. Die viel kleineren Männchen schwimmen durch die Tiefsee, bis sie geschlechtsreif werden, und machen sich dann auf die Suche nach einem Weibchen. Wenn sie eines finden, beißen sie sich daran fest und leben fortan mit ihm verbunden wie ein Parasit. Beide Körper verschmelzen miteinander, und das Männchen sieht aus wie ein röhrenförmiges Körperanhängsel des viel größeren Weibchens. Als Parasit erhält das Männchen Nahrung aus dem Blut des Weibchens und baut viele Organe ab, die es nun nicht mehr braucht.

    Das klingt sicher merkwürdig für Dich, aber es ist sehr praktisch, wenn das Weibchen von nun an seinen Partner immer schon dabei hat und nicht darauf angewiesen ist, zu jeder Eiablage erst von einem Männchen gefunden zu werden.

Hier lebt ein Anglerfisch-Männchen als Parasit am Bauch des Weibchens

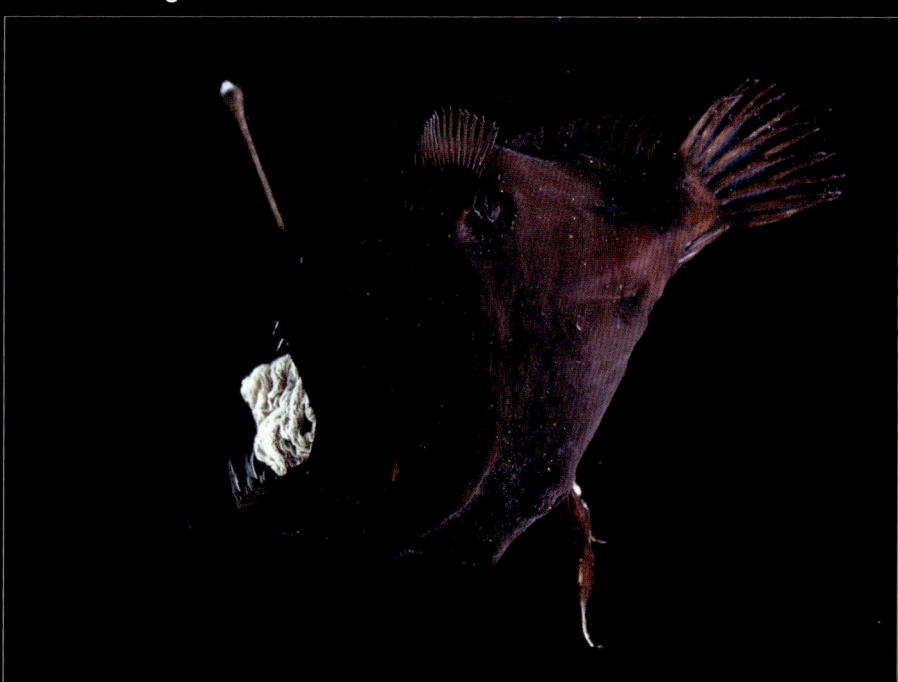

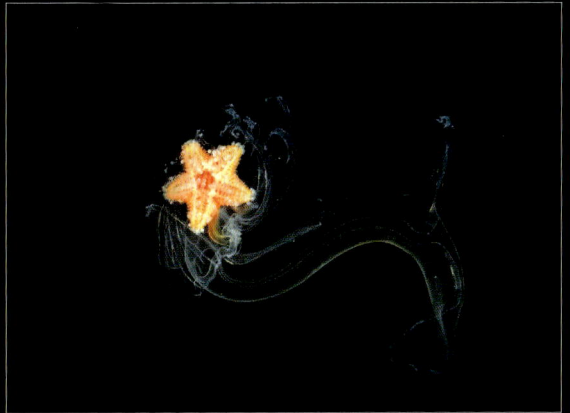

Links: Weiblicher Zehnfußkrebs mit Eiern am Bauch
Rechts: Larve eines Seesterns

Ganz auf die Partnersuche verzichten kann der Stelzenfisch. Er ist ein Zwitter, das heißt Männchen und Weibchen zugleich. Stelzenfische scheinen sich ungern zu bewegen. Statt auf die Jagd zu gehen, öffnen sie ihr Maul und ernähren sich von dem, was die Strömung vorbeibringt. Und anstatt einen Partner zu suchen, produzieren sie Eier und befruchten sie gleich selbst.

Ein wahrer Rekordhalter ist der Tiefseekrake. Forscher haben ein Weibchen beim Bebrüten von etwa 160 Eiern beobachtet: insgesamt über vier Jahre lang! Diese extrem lange Brutzeit ist wahrscheinlich auf die niedrigen Temperaturen in der Tiefsee zurückzuführen. Nur drei Grad Celsius herrschten dort. Anders als bei Vögeln sorgt die Krakenmutter nicht für Wärme, sondern dafür, dass die Eier vor Räubern geschützt sind. Das bezahlt sie mit ihrem eigenen Leben, denn sie nimmt während der Brutzeit keine Nahrung auf und ist beim Ausschlüpfen der Jungen so erschöpft und ausgehungert, dass sie schließlich stirbt.

Ganz schön lange!
Der Kragenhai bringt zwar keine fertigen Jungen auf die Welt, legt aber so weit entwickelte Eier, dass die Kleinen kurz nach der Eiablage schlüpfen können. Dafür ist seine Tragezeit beträchtlich: Bis zu dreieinhalb Jahre kann es dauern, bis das Muttertier nach der Paarung Eier legt.

Beeindruckender Anblick: ein Schwarzer Raucher in 3 000 Metern Tiefe im Atlantik

Im Reich der Schwarzen Raucher

Meistens bekommen wir davon nicht viel mit, aber unter der Erdkruste ist ganz schön was los! Vulkane, heiße Quellen und Geysire sind Zeugen vulkanischer Aktivität, die wir in manchen Ländern der Erde bewundern können. Auch unter dem Tiefseeboden ist nicht alles ruhig und friedlich. Wo verschiedene sogenannte Kontinentalplatten aufeinandertreffen, kann Meerwasser in die Erdkruste eindringen und zusammen mit anderem Material erhitzt wieder hervorsprudeln. Da die Erdkruste viele Mineralien enthält, die das Wasser schwarz färben, nennt man Stellen, an denen dieses Wasser austritt, Schwarze Raucher. Mit der Zeit bilden sich um die Austrittsstellen richtige Schlote, denn sobald das heiße Material sich im Meerwasser abkühlt, wird es fest. Schwarze Raucher sind also natürlich entstandene Schornsteine in der Tiefsee, aus denen ständig Wolken von verschiedenen Mineralien sprudeln. Dieses Material kann bis zu 400 Grad Celsius heiß sein und wäre für viele Lebewesen hochgiftig. Aber inzwischen weißt Du schon, dass es selbst für die extremsten Lebensräume immer Spezialisten gibt, die sie bewohnen, und richtig – an den Schwarzen Rauchern wimmelt es vor Leben!

Die Wiege des Lebens?
Manche Wissenschaftler gehen davon aus, dass die ersten Lebewesen der Erde in der Tiefsee in der Nähe von schwarzen Rauchern entstanden sind. Denn unabhängig von Sonnenlicht und Sauerstoff gedeihen hier die verschiedensten Lebensformen.

Schwarze Raucher lassen Leben in Fülle gedeihen. Hier siehst Du Tiefsee-Miesmuscheln und Tiefsee-Garnelen.

Ein kleineres Exemplar eines schwarzen Rauchers. Trotz der hohen Temperaturen und der scheinbar giftigen Umgebung fühlen sich Bakterien, Krabben und Röhrenwürmer offensichtlich wohl.

links: Im warmen, nährstoffreichen Wasser im Umfeld eines Schwarzen Rauchers im Indischen Ozean in 2 600 Metern Tiefe leben See-Anemonen, Borstenwürmer, Entenmuscheln und Garnelen, von denen Du auch viele abgestreifte Häute erkennst

rechts: Solche Regionen mit aus der Tiefe strömendem, warmem Wasser sind wie Oasen des Lebens in der Wüste. Hier siehst Du Massen von Tiefsee-Anemonen, Garnelen, Krebsen, Schnecken und Muscheln.

Hier gibt es eine Menge hoch spezialisierter Bakterien, die Temperaturen von über 100 Grad Celsius überleben können. Sie bilden die Grundlage der Lebensgemeinschaften an den heißen Schloten, denn nur sie können aus den Mineralien Energie gewinnen. Alle anderen Lebewesen sind von den Bakterien abhängig, genauso wie wir Landlebewesen uns ohne Pflanzen nicht ernähren könnten.

Einige dieser Bakterien leben in Zweckgemeinschaften mit Tieren. So beherbergen riesige Röhrenwürmer solche Bakterien in ihrem Körperinneren. Den Würmern liefern die Bakterien Nahrung, die sie aus den Mineralien gewinnen. Die Würmer bieten den Bakterien im Gegenzug Wohnraum und Hilfe bei den chemischen Prozessen, mit denen sie die Mineralien verarbeiten. Solche Gemeinschaften, bei denen jeder vom anderen profitiert, nennt man Symbiosen.

Einige Bakterien leben aber auch frei in der Nähe der Schwarzen Raucher und bilden dort sogenannte Bakterienrasen: Sie bewachsen wie eine Moosschicht die Oberflächen von Felsen und Steinen. Dort werden sie dann von Schnecken und anderen Tieren abgeweidet. Damit ist die Nahrungs-

Im Reich der Allerkleinsten

Wenn im Ökosystem der Schwarzen Raucher von Bakterien die Rede ist, ist das eigentlich nicht ganz vollständig, denn neben den Bakterien leben dort auch die sogenannten Archaeen (sprich: Archäen). Dies ist eine Gruppe winziger Einzeller ohne Zellkern. Früher nannte man sie Archaebakterien, aber heute weiß man, dass es große Unterschiede zu Bakterien gibt und sie nicht nah miteinander verwandt sind. Viele Archaeen lieben extreme Lebensräume wie Schwarze Raucher, Vulkangebiete oder das extrem salzige Tote Meer.

kette schon in vollem Gang, denn nun können die Schnecken von Krabben, Tintenfischen oder Fischen gefressen werden. Dabei hat jede Art ihre besonderen Vorlieben, was die Temperatur angeht. Direkt an den Schloten ist es sehr heiß, doch schon bald vermischt sich das hochkommende Material mit dem kalten Meerwasser und kühlt ab. Auf sehr kleinem Raum können die Tiere sich hier aussuchen, ob sie sich lieber bei 60, 50 oder 40 Grad Celsius aufhalten möchten.

Unglaubliche Mengen von Tiefsee-Garnelen profitieren von den hier herrschenden Bedingungen

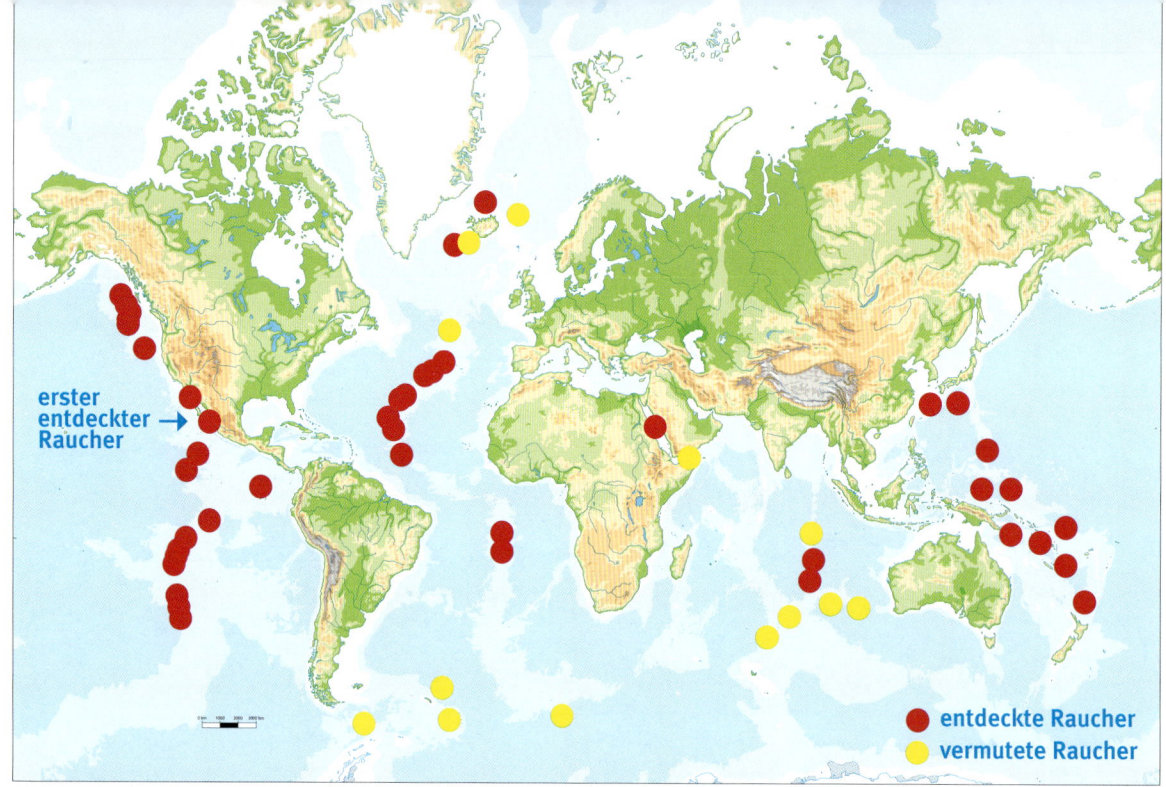

erster entdeckter Raucher →

entdeckte Raucher
vermutete Raucher

Auf dieser Weltkarte siehst Du, wo bereits Schwarze Raucher entdeckt wurden und wo Wissenschaftler noch weitere vermuten

Schwarze Raucher haben keine besonders lange Lebensdauer. So wie auch Vulkane erlöschen und sich der Erdboden besonders in vulkanisch aktiven Gebieten schnell verändert, so kann die Aktivität der Schwarzen Raucher schon nach 20 Jahren nachlassen und der Mineralienstrom schließlich ganz versiegen. Für viele Lebewesen bedeutet dies den Tod, denn das Wasser kühlt ab, und kein Nahrungsnachschub kann mehr von den Bakterien produziert werden. Irgendwo in der Tiefsee entsteht zwar vielleicht gerade ein neuer Schwarzer Raucher – nur, wie kommt man dort bloß hin?

Röhrenwürmer und viele Muscheln sind sessil, können sich also nicht wegbewegen. Ein Trick allerdings hilft ihnen, dennoch neue Lebensräume zu erobern. Ähnlich wie Insekten und Amphibien machen die Würmer und Muscheln eine Verwandlung durch, die sogenannte Metamorphose. Der Nachwuchs durchlebt also ein Larvenstadium, bevor er zum erwachsenen Wurm oder zur Muschel wird. Die Larven aber können schwimmen! Sie sind klein und ihre Reise ist gefährlich, aber mit etwas Glück

Die verlorene Stadt

Je nachdem, welche Mineralien aus dem Meeresboden nach oben steigen, ist die Farbe des „Rauches" anders. Im Atlantischen Ozean befinden sich bis zu 60 Meter hohe Schlote, aus denen Mineralien ausgestoßen werden, statt schwarz sind sie aber weiß. Die Türme bestehen nämlich aus Kalk und bieten anderen Tieren Heimat als ihre heißeren, schwarzen Gegenstücke. Da man die Bewohner nicht sofort entdeckte, nannte man das imposante Gebiet „Lost City", „verlorene Stadt".

finden sie einen neuen Schwarzen Raucher, an dem sie erwachsen werden und ihr Leben verbringen können. Krabben oder Fische müssen solche Tricks nicht anwenden. Sie sind mobil, können also prima schwimmen und sich zu benachbarten Rauchern fortbewegen, wenn die Entfernung bis dorthin nicht allzu groß ist. Ansonsten verbreiten auch sie sich über ihre Larven.

Nicht alle Schwarzen Raucher beherbergen dieselben Arten. In manchen Gebieten herrschen Röhrenwürmer vor, in anderen findest Du große Schnecken oder Muscheln. Allen ist aber gemeinsam, dass sie ein Leben führen, das völlig unabhängig vom Sonnenlicht ist. Nicht einmal von oben herabsinkende Nahrungsreste und Aas können die Bewohner der Schlote interessieren, denn sie haben ihre ganz eigene Lebensgemeinschaft auf Grundlage der Bakterien entwickelt. Wie eine solche Lebensgemeinschaft funktionieren kann, wie die Lebewesen zusammenhängen und sich gegenseitig beeinflussen, ist für Forscher besonders interessant.

Eine Tiefsee-Anemone im Gebiet eines Schwarzen Rauchers

See-Anemonen im Umfeld eines Schwarzen Rauchers in 2 500 Metern Tiefe im Indischen Ozean

Korallenriffe mal ganz anders

Denkst Du bei dem Wort Korallenriff auch sofort an bunte Südseeparadiese, in denen sich farbenfrohe Fische in hellblauem Wasser tummeln? Korallenriffe gibt es aber auch in der Tiefsee, wo es kalt und dunkel ist. Diese sogenannten Kaltwasserriffe sind noch gar nicht so lange bekannt und waren auch für die Forscher eine Überraschung.

Ein typisches Korallenriff nahe der Meeresoberfläche

Und so sieht ein Tiefsee-Korallenriff vor Norwegens Küste aus

Die braunen Markierungen zeigen Dir, wo überall auf der Welt schon Kaltwasserriffe gefunden wurden. Sicher werden Forscher in der Zukunft noch weitere entdecken.

Die meisten Korallen sind sessile Tiere, die ein Gehäuse aus Kalk ausscheiden. Das eigentliche Tier, der sogenannte Polyp, kann sich in diesen Schutzraum zurückziehen. Korallen sind Baumeister, deren Werke mit der Zeit zu riesigen Riffen aus vielen Einzeltieren werden. Selbst wenn der Polyp abstirbt, existiert das Kalkgehäuse weiter. Wie Du auf Seite 12 gelesen hast, erhalten die Korallen in warmen Meeresgebieten Hilfe. Kleine Algen wohnen im Inneren der Tiere und versorgen sie mit Nahrung. Auf diese Symbiose müssen Tiefsee-Korallen verzichten, denn Algen können ohne Licht nicht wachsen. Die Kälte des Wassers trägt zusätzlich dazu bei, dass Kaltwasserriffe sehr langsam größer werden. Die Polypen ernähren sich von Nahrungspartikeln, die aus den oberen Meeresschichten herabsinken. Manche können auch kleinere, vorbeischwimmende Tiere erbeuten. Tiefseekorallen bevorzugen deshalb Gebiete mit starken Strömungen, denn dort kommt viel Nahrung vorbeigetrieben. Berge und Abhänge in der Tiefe des Meeres sind beliebte Siedlungsplätze.

Korallenriffe bieten vielen Tierarten Heimat. Schwämme, Muscheln, Krebse, Seesterne und Fische nutzen das Nahrungsangebot der Strömung und den Schutz des Kalkriffs.

Gefährliche Waffen

Korallen gehören wie die Quallen zu den Nesseltieren. Vielleicht hast Du Dich im Badeurlaub schon einmal an einer Qualle vernesselt? Die Zellen, die zu den Verletzungen bei Berührung führen, besitzen Korallen auch. Diese Nesselzellen dienen nicht nur der Verteidigung, sondern auch dem Beutefang. In den Nesselkapseln befindet sich ein aufgerollter Faden. Bei Berührung öffnet sich die Kapsel, die unter starkem Druck steht, und der Faden wird in Hochgeschwindigkeit herausgeschleudert. Zu dem immensen Druck kommt ein Gift, das durch den Nesselfaden in die Beute oder den Feind gespritzt wird. Mit ihren Nesselzellen können sich sogar sesshafte Korallen richtige Kämpfe liefern. Wenn sie zu nahe beieinander wachsen, bekämpfen sie sich, bis das unterlegene Tier den Platz freigibt.

Eine zarte Tiefsee-Fächerkoralle

Tiefsee-Borstenwurm

In Kaltwasserriffen ist der Artenreichtum längst nicht so groß wie in tropisch warmen Meeren. Eine der wichtigsten Kaltwasserkorallen ist *Lophelia pertusa*, die Du hier siehst.

An eine Blume erinnert diese Tiefsee-Anemone aus dem Indischen Ozean

Wunderschön sind Korallen auch in Tiefwasser-Riffen anzuschauen

Im Kuriositätenkabinett der Tiefsee

In einem Kuriositätenkabinett stellten Menschen früher alles aus, was ihnen sonderbar, unheimlich, fremd und exotisch vorkam. In diesen Vorläufern des Museums tummelten sich ausgestopfte Tiere aus fernen Ländern, besondere Kristalle und Steine, künstlerische Handwerksarbeiten – alles, was die Menschen zum Staunen bringen konnte.

Was ist eigentlich ein Schwamm?

Schwämme sind tatsächlich Tiere! Es gibt über 7 000 verschiedene Arten, die alle sessil sind, also festgewachsen auf Felsen oder Ähnlichem leben. Ihre Körper können mehrere Meter groß werden. Der älteste bekannte Schwamm ist über 10 000 Jahre alt!

Einige Schwämme bilden Skelette, die man zu Badeschwämmen verarbeiten kann. Das Material ist sehr saugfähig und eignet sich deshalb gut dafür. Die meisten Badeschwämme werden aber heute künstlich hergestellt und nur der Name erinnert noch an das Tier.

Seefahrer erzählten sich früher Geschichten über riesige Kraken, die Schiffe angriffen und in die Tiefe zogen. Inspiriert wurden sie vielleicht vom Riesenkalmar, der bis zu 15 Meter lang wird. Auf dem Foto siehst Du ein totes Exemplar, das von Wissenschaftlern untersucht wird. An den Armen des Riesenkalmars sitzen Saugnäpfe, die er zum Jagen benutzt, aber auch, um sich gegen angreifende Pottwale zu verteidigen.

Auf unserer Reise in die Tiefsee hast Du schon einige Vertreter der dortigen Lebewesen kennengelernt, die auch in ein solches Kuriositätenkabinett gepasst hätten. Diese Doppelseite stellt Dir weitere Besonderheiten vor.

Der Schwarze Schlinger wird nur 15 Zentimeter lang, verschlingt aber Beute, die größer ist als er selbst! Sein Magen und seine Kiefer sind extrem dehnbar. Langsam schiebt der Raubfisch sich mit dem Maul über die Beute. Im Magen ist der gefressene Fisch dann sichtbar.

Schnepfenaale besitzen mit bis zu 770 Wirbeln die höchste Wirbelzahl aller Tiere überhaupt! Die langen Kiefer sind innen und außen mit kleinen Zähnchen besetzt. Vermutlich verfangen sich daran Garnelen, die dementsprechend die Hauptbeute stellen dürften. Sind die Aale allerdings erwachsen, verlieren sie den Großteil der Zähnchen und können dann wohl nichts mehr fressen. Wahrscheinlich sterben sie also nach der Fortpflanzung.

Bei Borstenmäulern geht alles ganz besonders langsam. Einige Arten der kleinen Tiefseefische brauchen fünf Jahre, um auf eine Größe von nur 5 cm zu wachsen!

Langnasenchimären sind keine „richtigen" Fische, sondern Knorpelfische, also mit Haien und Rochen verwandt. Ihre lang gezogene Schnauze enthält unzählige Sinneszellen, die dazu dienen, Beute wie kleine Fische aufzuspüren. Doch damit nicht genug: Ein Stachel in der vorderen Rückenflosse enthält Gift, mit dem die Chimäre sich verteidigen kann.

Dieses ulkig aussehende Tier ist ein Vielborster, also ein Ringelwurm und damit ein entfernter Verwandter unseres Regenwurms. Hättest Du das gedacht?

Das Tauchboot Jago wird vom Forschungsschiff Maria S. Merian zu Wasser gelassen

Neugier auf die Tiefe

Obwohl wir heute schon einige ihrer Bewohner kennen, ist über die Tiefsee noch immer wenig bekannt. Das liegt daran, dass sie so schwer zu erforschen ist. Wer wissen möchte, wie es dort unten aussieht, der muss hinunterreisen, und das ist alles andere als einfach.

Diesen Tiefsee-Eidechsenfisch haben Wissenschaftler auf ihr Forschungsschiff geholt, um ihn zu untersuchen

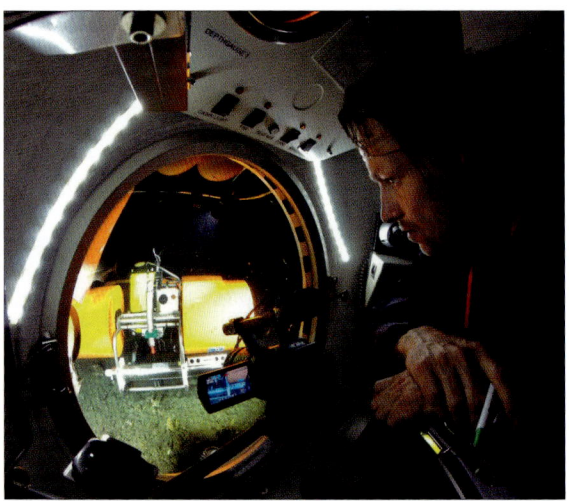
Ein Wissenschaftler schaut aus dem Bullaugen-Fenster des Tauchboots Jago auf den Meeresboden des Trondheimfjords bei Norwegen

Die ersten Informationen darüber, welche Geschöpfe in den Tiefen leben, lieferten die angeschwemmten Körper toter Tiere. Manchmal findet man zudem im Magen beispielsweise eines Thunfisches Tiefseebewohner, die sich nachts in höhere Schichten gewagt haben und dort gefressen wurden. Auch mit Netzen, die man hinab ins Meer senkt, lassen sich Tiefseetiere an Land holen. Solche Funde haben die Forscher neugierig gemacht. Wegen des großen Druckunterschieds, den die Tiere beim Heraufholen aus der Tiefsee durchmachen, gelingt es allerdings kaum, lebende und unversehrte Lebewesen heraufzuholen und zu untersuchen – dazu müsste man sie extrem langsam nach oben holen, damit sie sich an die veränderten Druckverhältnisse anpassen können.

So ist auch das größte Problem, dem die Wissenschaftler begegnen, der hohe Wasserdruck. Mit normaler Tauchausrüstung kommt man nur etwa 50 Meter tief. Selbst mit einem gepanzerten Anzug ist bei 600 Metern Schluss. Wer weiter nach unten will, braucht ein U-Boot. Hier gibt es verschiedene Modelle, die jeweils für bestimmte Tiefen geeignet sind. Mit einer Tauchtiefe von 11 000 Metern kann man mit speziellen U-Booten selbst die tiefsten Meeresgräben erkunden. Manchmal ist es allerdings günstiger, einen Roboter in die Tiefe zu schicken. Über Video und Fernsteuerung können die Forscher die Aktivitäten der Maschine lenken.

In Deutschland erforscht das „GEOMAR Helmholtz-Zentrum für Ozeanforschung Kiel" die Tiefsee. Die Wissenschaftler interessiert dabei beispielsweise die Rolle des Ozeans beim Klimawandel, wie wir Menschen die Lebensgemeinschaften des Meeres beeinflussen, welche nützlichen Stoffe es am Meeresgrund gibt und natürlich welche Tiere in der Tiefe leben. Neben verschiedenen Forschungsschiffen verfügen die GEOMAR-Wissenschaftler

20 000 Meilen unter dem Meer

Vor etwa 150 Jahren erschien der Abenteuerroman „20 000 Meilen unter dem Meer" des französischen Schriftstellers Jules Verne. Er beschreibt darin eine Reise in einem U-Boot, das nie an Land geht, sondern sich vollständig aus dem Meer versorgt. Kohlevorkommen im Ozean liefern die Energie, und die Mannschaft ernährt sich von Meereslebewesen. Vernes Buch wurde weltberühmt.

Heute kennen wir Science-Fiction-Bücher (sprich: Saienz-Fikschen) und Filme, die in der Zukunft spielen und von Reisen ins Weltall erzählen. Damals war der Tiefseeroman um das hochmoderne U-Boot ebenfalls eine Zukunftsfantasie-Geschichte. Einige Techniken, von denen das Buch erzählt, haben die Menschen in der Zwischenzeit tatsächlich entwickelt, anderes wird wohl nie möglich sein.

auch über „Jago", das einzige deutsche bemannte Forschungstauchschiff. Zusätzlich können drei Roboter in die Tiefe geschickt werden: das ferngesteuerte Unterwasserfahrzeug ROV Kiel 6000 mit einer maximalen Tauchtiefe von 6 000 Metern, das autonome Unterwasserfahrzeug AUV ABYSS und das ferngesteuerte Unterwasserfahrzeug ROV PHOCA mit einer maximalen Tauchtiefe von 3 000 Metern.

Nicht nur für Naturforscher sind solche Tauchabenteuer interessant. Im Meer verlaufen Kabel und Öl-Pipelines (sprich: Peip-Leins), die gewartet werden müssen. Auch an Ölbohrinseln fallen immer wieder Arbeiten an. Dann werden Taucher oder Tauchroboter eingesetzt.

Und noch etwas lockt die Wagemutigen: In mehr als tausend Jahren Seefahrt sind immer wieder Schiffe auf den Meeresboden gesunken, teilweise beladen mit reichen Schätzen. Schatztaucher versuchen, solche Wracks zu finden, um wertvolle Münzen, Gold und Silber zu bergen.

Das bemannte Forschungs-Tauchboot Jago im Einsatz

Bedrohte Welt

Die Tiefsee ist ein empfindlicher Lebensraum. Das bedeutet, dass Schäden, die Menschen dort anrichten, nur schwer wieder zu beheben sind und sogar Effekte auf unsere eigene Lebenswelt haben können. Zwar ist die Tiefsee weit von uns entfernt, aber unsere Handlungen haben dennoch vielfältige Folgen. So hat zum Beispiel der steigende Verbrauch von Plastik bereits dazu geführt, dass heute riesige Müllberge in den Meeren schwimmen. Plastiktüten sind besonders gefährlich, denn darin können sich Tiere verheddern, oder sie fressen kleine Stückchen davon und vergiften sich dadurch allmählich. Auch Gifte werden immer wieder ins Meer geleitet und töten das Leben im Wasser.

Mit einem Schwamm gegen den Krebs

Die sessilen Schwämme mussten im Lauf ihrer Entwicklung Methoden finden, sich vor Fressfeinden zu verteidigen. Anstelle von Panzern oder Stacheln bauen sie auf Chemie. Genau genommen sind es aber nicht nur die chemischen Substanzen der Schwämme selbst, die für die Medikamentenforschung interessant sind, sondern auch die vielen in ihnen lebenden Bakterien. Sie stellen verschiedene Chemikalien her, aus denen man vielleicht in ein paar Jahren Medizin gegen Krankheiten wie Krebs oder Malaria herstellen kann.

Plastiktüten gefährden viele Meereslebewesen

Bei Erdölbohrungen oder Unfällen auf Bohrinseln kann gefährliches Rohöl ins Meer gelangen

Gefährlich werden kann der Tiefsee ihr Reichtum an Bodenschätzen. Auf und im Boden lagern Erdöl, Methanhydrat und nützliche Metallverbindungen. Bei Erdölbohrungen passieren immer wieder Unfälle, bei denen große Mengen Rohöl ins Wasser gelangen. Es tötet die Tiere und Pflanzen im Freiwasser und an der Küste. Von solchen Katastrophen erholt sich gerade die Tiefsee kaum, denn sie ist dünn besiedelt und die Lebensprozesse laufen so langsam ab, dass der Nachwuchs kaum Zeit hat, erwachsen zu werden. Methanhydrat ist eine chemische Verbindung, die an einigen Stellen auf dem Meeresgrund lagert. Man könnte daraus Energie gewinnen – welche Auswirkungen der Abbau dieses Materials hat, ist allerdings noch nicht klar. Auch wie man umweltschonend an die Manganknollen im Pazifik kommen könnte, müssen Forscher erst noch erarbeiten.

Weil die oberen Meeresschichten fast leer gefischt sind, werden die Netze immer tiefer hinabgelassen

Viele weitere Elemente hält der Meeresboden bereit. Nickel, Kupfer und Kobalt werden für die Herstellung von Computern und Handys gebraucht und würden viel Geld einbringen. Hoffentlich werden die Bedürfnisse der Tiefseebewohner nicht außer Acht gelassen!

An der Fischereiindustrie können wir schon erkennen, wie gefährlich Eingriffe in sensible Lebensräume sind. Viele Fischarten der oberen Meeresschichten sind überfischt und sehr selten geworden. Das hat Auswirkungen auf die Tiefsee, denn die meisten ihrer Bewohner sind abhängig von dem, was aus den oberen Schichten herabsinkt. Außerdem wird nun in immer tieferen Schichten gefischt. Besonders leidet der Meeresboden, wenn Netze wie Kehrbesen darüber gezogen werden. Alles Leben im Sediment wird so vernichtet, Korallen zerstört, und es bleibt eine leblose Wüste.

Weitere Gefahren könnten der Tiefsee durch den Klimawandel drohen. Erhöhter Ausstoß von Kohlenstoffdioxid durch Fahrzeuge und Fabriken macht die Meere saurer und wärmer, was bedeutet, dass einige Lebewesen nicht mehr zurechtkommen. Die Wärme kann außerdem die Meeresströmungen verändern. Dies könnte dann wiederum Konsequenzen für uns haben, denn nicht nur das Klima verändert die Meeresströmungen, sondern umgekehrt können auch die Meeresströmungen zu verändertem Klima führen.

Mithelfen!

Müll vermeiden, Baumwolltüten verwenden, Waschmittel sparen – das sind nur einige der Dinge, mit denen Du selbst für den Schutz der Meere eintreten kannst. Schon solch einfache Schritte wie das Benutzen einer Butterbrotdose anstelle von Alufolie und das Fahren mit dem Fahrrad oder Bus statt mit dem Auto helfen unserer Umwelt sehr! Vielleicht kannst Du auch Deine Eltern dazu überreden, nur noch Fisch zu kaufen, der nachhaltig gefangen worden ist. Das erkennst Du an verschiedenen Siegeln auf der Verpackung. Damit gehst Du schon einen großen Schritt in Richtung Schutz der Meere!

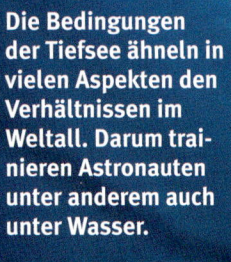

Die Bedingungen der Tiefsee ähneln in vielen Aspekten den Verhältnissen im Weltall. Darum trainieren Astronauten unter anderem auch unter Wasser.

Warum aber soll man die Tiefsee eigentlich schützen? Kann es uns nicht egal sein, wer oder was dort unten lebt oder stirbt? Es gibt einige Argumente, die dafür sprechen, sich um den Schutz der Meere zu kümmern. Das wichtigste ist aber vielleicht, dass wir Respekt haben sollten vor der großen Schönheit dieser Lebenswelt, die uns so fremd ist und so neugierig macht.

Außerdem wissen wir nicht, welche Auswirkungen die Zerstörung der Tiefsee auf unseren eigenen Lebensraum haben könnte. Wir kennen die Zusammenhänge und Funktionen dieses riesigen Gebietes viel zu wenig, um mit Sicherheit sagen zu können, dass eine Zerstörung uns selbst nicht betreffen würde. So dienen die Meere zum Beispiel als Speicher für Kohlenstoffdioxid und verhindern so, dass noch mehr davon in die Atmosphäre gelangt und dort zu Klimaerwärmung führt.

Aber auch unsere Forscherneugier ist noch lange nicht befriedigt. Mit jeder Tauchfahrt in die Tiefe werden neue Arten entdeckt. Und wer weiß, welchen Nutzen sie irgendwann für uns haben mögen? Einige Lebewesen produzieren Stoffe, aus denen sich möglicherweise Medikamente herstellen lassen. Andere haben interessante Möglichkeiten gefunden, Druck, Kälte und Dunkelheit zu ertragen – vielleicht können wir uns einiges von ihnen abschauen und in der Technik benutzen? Dieses „Nachmachen" von anderen Lebewesen nennt man Bionik, ein Mischwort aus Biologie und Technik. Eine ganze Menge für uns wichtige Erfindungen wurde auf diese Weise gemacht.

Großes Tiefsee-Quiz

Du hast in diesem Buch eine Menge über die Tiefsee gelernt und kannst Deinen Freunden und Deiner Familie viel Spannendes darüber erzählen! Im folgenden Quiz kannst Du Dein Wissen testen! Kreuze bei jeder Frage die Antwort mit Bleistift an, die Du für richtig hältst. Auf Seite 64 findest Du die Auflösung. Viel Spaß!

1. Ab welcher Tiefe dringt kein Sonnenlicht mehr durch das Meerwasser?
a) Ab etwa 500 Metern ○
b) Ab etwa 800 Metern ○
c) Ab etwa 1000 Metern ○

2. Woran müssen Tiefseebewohner nicht angepasst sein?
a) An hohen Druck ○
b) An niedrige Temperaturen ○
c) An großen Lärm ○

3. Wie nennt man das Leuchten von Lebewesen?
a) Biolumineszenz ○
b) Lebenslicht ○
c) Fotovitalität ○

4. Tiefseebewohner leuchten aus verschiedenen Gründen. Wozu dient das Licht nicht?
a) Partnersuche ○
b) Leselampe ○
c) Beutefang ○

5. Tiefseebewohner leben unter großem Druck. Was dürfen ihre Körper deswegen nicht haben?
a) Kiemen ○
b) Schuppen ○
c) Luftgefüllte Hohlräume ○

6. Warum laufen viele Prozesse in der Tiefsee ganz langsam ab?
a) Weil es so kalt ist ○
b) Weil es so dunkel ist ○
c) Weil Tiefseebewohner faul sind ○

7. Woher kommt die Nahrung der meisten Tiefseebewohner?
a) Aus Verstecken, in denen sie Nahrung für schlechte Zeiten aufbewahren ○
b) Aus den oberen Wasserschichten ○
c) Vom Meeresboden ○

8. Welches ist die Tarnfarbe der Tiefsee?
a) Grün ○
b) Braun ○
c) Rot ○

9. Wie heißen die Organe, mit denen Fische Wasserbewegungen spüren können?
a) Seitenlinienorgane ○
b) Wassertastorgane ○
c) Wellenorgane ○

10. Vertreter welcher Tiergruppe findest Du besonders häufig in großen Tiefen?
a) Gewürzgurken ○
b) Seegurken ○
c) Schlangengurken ○

11. Wie nennt man Tiere, die an einem Ort festsitzen und sich nicht fortbewegen?

a) Sessile Tiere .... ○
b) Unbewegte Tiere .... ○
c) Faultiere .... ○

12. Der Stelzenfisch ist ein Zwitter. Was bedeutet das?

a) Er kann 1 000 Eier pro Tag legen ○
b) Er lebt an Land und im Wasser ..... ○
c) Er ist Männchen und Weibchen zugleich .... ○

13. Welche Lebewesen stehen im Reich der Schwarzen Raucher am Anfang der Nahrungskette?

a) Schnecken .... ○
b) Riesige Röhrenwürmer .... ○
c) Bakterien .... ○

14. Wie nennt man die Verwandlung von Tieren von der Larve zum erwachsenen Tier?

a) Körperaustausch .... ○
b) Metamorphose .... ○
c) Pelagial .... ○

15. Warum bevorzugen Korallen Gebiete mit starken Meeresströmungen?

a) Weil die Strömungen viel Nahrung mit sich führen .... ○
b) Weil die Strömung angenehm wie ein Whirlpool ist .... ○
c) Weil die Strömung verhindert, dass Feinde zu nah herankommen ○

16. Wie heißen die Zellen, mit denen Korallen und Quallen sich vor Feinden schützen können?

a) Schutzzellen .... ○
b) Nesselzellen .... ○
c) Brennzellen .... ○

17. Welches Wesen findest Du in der Tiefsee nicht?

a) Manteltier .... ○
b) Schleimaal .... ○
c) Grützenqualle .... ○

18. Was erwartet Forscher in der Tiefsee nicht?

a) Meerjungfrauen .... ○
b) Alte Schiffswracks .... ○
c) Ölpipelines .... ○

19. Warum erholt sich die Tiefsee nur sehr schwer von Katastrophen und Verschmutzungen?

a) Weil das Leben und die Fortpflanzung dort sehr langsam ablaufen ○
b) Weil es wegen der Dunkelheit schwierig ist, wieder aufzuräumen ○
c) Weil die Tiefseebewohner selbst schon genug Müll produzieren ..... ○

20. Wie könntest Du zum Schutz der Meere beitragen?

a) Kein Wasser mehr trinken .... ○
b) Mit Salzwasser duschen .... ○
c) Keine Plastiktüten benutzen .... ○

Lösungen zum Tiefsee-Quiz:

1) c: Ab etwa 1 000 Metern dringt kein Sonnenlicht mehr durch das Meerwasser.
2) c: Tiefseebewohner müssen nicht an großen Lärm angepasst sein.
3) a: Das Leuchten von Lebewesen nennt man Biolumineszenz.
4) b: Als Leselampe dient das Licht der Tiefseebewohner nicht.
5) c: Tiefseebewohner leben unter großem Druck. Ihre Körper dürfen deswegen keine luftgefüllten Hohlräume haben.
6) a: Viele Prozesse laufen in der Tiefsee ganz langsam ab, weil es so kalt ist.
7) b: Die Nahrung der meisten Tiefseebewohner kommt aus den oberen Wasserschichten.
8) c: Rot ist die Tarnfarbe der Tiefsee.
9) a: Die Organe, mit denen Fische Wasserbewegungen spüren können, heißen Seitenlinienorgane.
10) b: Seegurken findet man besonders häufig in großen Tiefen.
11) a: Tiere, die an einem Ort festsitzen und sich nicht fortbewegen, nennt man sessile Tiere.
12) c: Der Stelzenfisch ist ein Zwitter. Das bedeutet, er ist Männchen und Weibchen zugleich.
13) c: Bakterien stehen im Reich der Schwarzen Raucher am Anfang der Nahrungskette.
14) c: Die Verwandlung von Tieren von der Larve zum erwachsenen Tier nennt man Metamorphose.
15) a: Korallen bevorzugen Gebiete mit starken Meeresströmungen, weil diese viel Nahrung mit sich führen.
16) b: Die Zellen, mit denen Korallen und Quallen sich vor Feinden schützen können, heißen Nesselzellen.
17) c: Grützenquallen gibt es nicht.
18) a: Meerjungfrauen erwarten Forscher in der Tiefsee nicht. Oder vielleicht doch?
19) a: Die Tiefsee erholt sich nur sehr schwer von Katastrophen und Verschmutzungen, weil das Leben und die Fortpflanzung dort sehr langsam ablaufen.
20) c: Du könntest zum Schutz der Meere beitragen, indem Du keine Plastiktüten benutzt.

 **Entdecke die Reihe mit der Eule!**

 Entdecke die Eulen	 Entdecke die Greifvögel	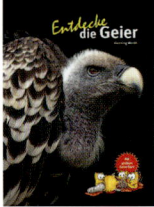 Entdecke die Geier	 Entdecke die Rabenvögel	 Entdecke die Spechte	 Entdecke die Finken	 Entdecke die Spatzen
 Entdecke die Eisvögel	 Entdecke die Zugvögel	 Entdecke die Singvögel	 Entdecke die Meisen	 Entdecke die Kraniche	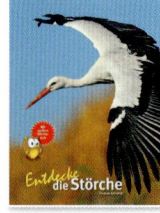 Entdecke die Störche	 Entdecke Schwäne, Gänse & Enten
 Entdecke die Möwen	 Entdecke die Pinguine	 Entdecke die Papageien	 Entdecke die Kolibris	 Entdecke die Fledermäuse	 Entdecke die Hunde	 Entdecke die Kühe
 Entdecke die Pferde	 Entdecke die Esel	 Entdecke die Nagetiere	 Entdecke die Igel	 Entdecke die Maulwürfe	 Entdecke die Waschbären	 Entdecke die Biber
 Entdecke die Otter	 Entdecke heimische Wildtiere	 Entdecke die Wölfe	 Entdecke die Bären	 Entdecke die Tiger	 Entdecke die Menschenaffen	 Entdecke Affen und Lemuren
 Entdecke die Hyänen	 Entdecke die Pandas	 Entdecke die Elefanten	 Entdecke die Nashörner	 Entdecke die Erdmännchen	 Entdecke die Beuteltiere	 Entdecke die Robben

Natur und Tier - Verlag GmbH
An der Kleimannbrücke 39/41 · 48157 Münster
Telefon: 0251 - 13339-0 · Fax: 0251 - 13339-33
E-Mail: verlag@ms-verlag.de · www.ms-verlag.de